轻轻结束了孤寂，串联着一生传奇。
任时光已老，回声依旧，
在人世间荡开一层层涟漪。

愿你遍历山河 觉得人间值得

三毛传

王臣 著

中国华侨出版社
北京

有时候，

我多么希望能有一双睿智的眼睛能够看穿我，

能够明白了解我的一切，

包括所有的斑斓和荒芜。

那双眼眸能够穿透我的最为本质的灵魂，

直抵我心灵深处那个真实的自己。

——三毛

目录

叁 爱到风烟幻灭时

肆 爱到年华散尽时

伍　爱到化身千百时

陆　爱到来生聚首时

附录

序一｜梦里花落知多少

王臣

> 她开始自遗忘的镜子，
> 打捞那些早已沉没的脸。
> ——维斯拉瓦·辛波斯卡

那年8月，有一场小旅行。

旅行的时候，身边只带了一本书，三毛的《梦里花落知多少》。本以为，“梦里花落知多少”这七个字是三毛写的，后来才知道不是，它源自诗人卢冀野和作曲家黄自共同创作的一首歌——《本事》。很多事情都是这样的吧，陈年老旧的印象似是真理，却往往不堪一击。

就像三年前，我写了这本书，然后遇见了你。那时候，你连三毛是谁都不知道。直到我写完这本书，你仍然在问，是《三毛流浪记》里的那个三毛吗？我哑然。三年之后，你已读完可被阅读到的三毛的全部文章，你甚至对三毛的文章有令我讶异的解读。

遇见你时，你是不大读书的人。如今，你的阅读量已然超过许多同龄人。不敢说这是我的出现对你产生的影响，但起码，是我愿意看见的，自己存在过你生活当中的一点痕迹。三年过去了，这本关于三毛的书也要再版了。而你，还好吗？

三毛是个奇趣的女子，文章也是如此。年少的时候读她，只觉得她一生丰盛。后来再读，又觉得她流离辛苦。而今再读，不知为何，心中总有叹息。大抵还是出于三毛自杀的缘故。每每念及此事，心中难免困惑、难免伤感。

三毛之死着实令人怃然。她是那样一个爽利的女子，独自背负着那样沉重的往事，又一个人走了许久。三毛的母亲说过，荷西去世之后，三毛生无可恋，数度向母亲表达过轻生的想法。肉体的病痛不足以令人怯懦，灵魂的负重却能损毁一切铜墙铁壁。

三毛也不例外。

生死不渝的事情，在而今这个年代日渐成为传奇。因此，每每听到生死与共的爱情，总能令人激赏称赞，艳羡不已。可是，三毛死了。三毛的死，不可回避地有一种“殉情”的嫌疑。殉情，这件事，当真有“生死与共”字面上看上去的那么美好吗？写三毛的一生，令我对这个问题的答案更加不确定。

就像我从来不认同，“真爱只有一次”的说法。每与友人争辩，总被责备说，是因为我没有遇见过真爱。可是，爱就是爱，还有真假之分吗？假的，那还叫爱吗？这是一个基本的概念问题。然而，人心最是复杂。就连“爱”，也必得有一千种爱之含义。

她去世后，有人讲她不够坚强。其实，她并非不“坚强”，只是同样的经历，别人看她，与她看自己，断然不同。有些事情，只有自己懂得，旁人是无法感同身受的。纵是经历相仿，旁人的“他”不会是荷西，世间也不可能有第二个三毛。可是，三毛之死的前因后果至今也无人可以确证、判定。

世人对三毛的解读皆是一己之见，包括我。但是无法，三毛有一种令观者无力抵抗的魅力，仿佛想要参与她的一生才算满足。因此，为三毛立传的时候，纵是极力想要做到客观、真切，却依然避免不了主观意愿上一些理想化的描述。

她就是这样一个人，毕生所求不过是自由和安稳，内心却极度敏感和柔软。又惯来是一个愿意承受的人，所历经的苦、痛乃至绝望，都是选择独自一人担负、消解。给予旁人的，总是最明媚的模样。然而，这不是一件容易的事情。她不够美艳，却活得比谁都漂亮。

死不可避免，怎么活才最要紧。

只是，我并不觉得，死亡是对爱情最美的注解。可能已在创作中写过多次，活这件事，就是活下去。活下去便有情感需求，而情感需求远不止男女恋慕这一种。亲情、友情、爱情，孰轻孰重，谁能说得清楚呢？轻生，在某些宗教中是不能被原谅的。无论以任何的理由，都要尊重生命。

我没有资格对三毛之死有任何异议。能说的，只是：假如三毛还在，书店必定多一个令人流连的理由吧。假如三毛还在，她会不会遇到自己这一生下半场的另一个男主角？谁敢说一定不会呢。假如三毛还在，我们说不定还会在旅行的途中与她擦肩而过。

可是，如果有一天我失去了生命中至爱之人，我是否还会如此刻一般平静理性地观望生命？只愿今日这一纸文章，能在将来的某一日，给予我度过“人生无望”的时候一点力量和勇气。如果有那么一日，我希望对将来的自己说：

你放得下痛苦，才能装得进幸福。

祝好。

序二｜爱你就像爱生命

王臣

每想你一次，
天上飘落一粒沙，
从此形成了撒哈拉。

这是三毛写给荷西的话。

文章写得好的女子不少。林徽因旖旎，萧红真切，张爱玲通透，而三毛朴素又动人。在温柔清媚中有一种缓缓渗透而出的深刻，并且是痛的，痛而不悲。依然有暖，有希望。可这希望，她分毫不留地传递给世人，没有给自己留下半点余地。

爱太深重，重如生命。深重至此的爱，只能以生死度量。三毛去时，是伶仃一人。所有的热烈过往都已逝散、都已寂静的那个夜里，她终于落定了决心，随他而去。而今，她走了好些年。

我要一遍又一遍，在这些苍寂的深夜，回顾她的人生。回顾她的童年、少年，热烈又仓皇的青春。甚至，那些孤凉、绝望又缓慢的老去。还有那些，她历经过的人，历经过的爱，历经过的得与失，历经过的悲喜、伤欢。

三毛的生命如一场旅行，路遇之爱、之喜、之男女都是注定要离散的风景。细丽的、壮阔的、葱郁的、苍茫的，在三毛的步迹行旅中，最终都被映射在她的笔下、她朴素的文字里。孤独又无依地存在下去。观者唏嘘，她自成完满。

没有来世，只有今生。

假如还有下辈子，她大概依然只能选择这样的行轨，来将生命铺叙、延展并圆满。不管不顾。写作这本书时，一直在听的是《回声－三毛作品第15号》。当中每逢三毛轻声低语的独白时分，心中总会一震。好亲切的声音，却又分明好遥远。远到我这一生这一世恐都无法再靠近。

常常我跟自己说，
到底远方是什么东西。
然后我听见我自己回答，
说远方是你这一生、现在，
最渴望的东西就是自由。

很远很远的，
一种像空气一样的自由。

在那个时候开始，我发觉，
我一点一点脱去了，
束缚我生命的，
一切不需要的东西。

在那个时候，海角天涯，
只要我心里想到我就可以去。
我的自由终于，
在这个时候来到了。

歌是潘越云唱的。听的时候，夜深人静，手边一册被翻旧的《撒哈拉的故事》。彼时，世界只属于这几行歌词，只属于三毛的前尘往事，也只属于忧郁，只属于细微的光。三毛的一生，要怎样讲述才能与之相称、与之般配呢？

这实在不是一件容易的事。她的荷西、她的旅行、她的那些命中注定。每一件、每一桩，都令我忧悒难书。而爱她的人亦实在好多，每一个人心里都住着一位独一无二的三毛。而今，我又想要写下一点什么。怕是也不得不有所偏颇了。

你一定知道，我笔下的只是我所读、所知、所心念的三毛。是住在我心里的那位三毛。倘若你不介意，那么与我一同探访，那些旧年月里，发生在山城中，发生在古都里，发生在遥远台北的，已故的事。前几日，读王小波的书信集《爱你就像爱生命》。他写给李银河的话，每读每心碎。

我会不爱你吗？

不爱你？

不会。

爱你就像爱生命。

世间至爱，莫过如此。

一如你对荷西。

一如你对文字。

一如你对旅途。

一如你对生命。

亲爱的，三毛。

壹

爱到日照沧海时。

01 | 回声

故事，还得从三毛的少年时代说起。

三毛的独白存于她唯一一张音乐作品《回声 - 三毛作品第 15 号》里，配于第一首潘越云与齐豫合唱的《轨外》。独白之后，是潘越云的歌声，澄净又温柔，唱得一帧一帧的旧年画面仿佛穿越而出，灵动如电影，在目下演绎。她唱：“胆小的孩子怕老师，那么怕，怕成逃亡的小兵，锁进都是书的墙壁。”

那时候，你还是个不谙世事的女童。

独自生活在颠沛流离的梦中。

1943 年 3 月 26 日，三毛出生在重庆。那一年，老男人 John Denver 也出生在遥远的大洋彼岸。他唱着 *Take Me*

Home Country Roads 的那些时年，三毛正在台北书写她的《撒哈拉的故事》。而他与她，竟也先后都在 20 世纪 90 年代，与这浊杂的人世告别。

天才都仿佛注定要寂寥一生的。孤单地来，落寞地走。一首歌，一个年代。一本书，一段传奇。从苍旧的民谣里，因着这浓重的心念，我看见的亦只是这一处，身着波希米亚长裙的落寞女子，归向郊野，归向沙漠，归向无尽的路途。

三毛，本名陈懋平。

她总是想，“懋”字真不好写，要将这“懋”字略去，写名字的事也就简便多了。这念头，一想，再想，便在心底盘固了。后来，这倔强的小女子，竟自作主张给自己改了名字，叫“陈平”。关于三毛改名的事，三毛的父亲陈嗣庆在他为女儿写的《陈家老二》里记录了下来。

他说：“我的女儿陈平本来叫陈懋平。‘懋’是家谱上属于她那一代的排行，‘平’是因为在她出生那年烽火连天，作为父亲的我期望这个世界再也没有战争，而给了这个孩子‘和平’的大使命。后来这个孩子学写字，她无论如何都学不会写那个‘懋’字。每次写名字时，都自作主张把中间那个字跳掉，偏叫自己陈平。”

出于三毛的缘故，陈嗣庆在给三毛的两个弟弟取名时便将“懋”字拿去了。不但如此，三毛还总要淘气地将“陈”字的左耳写到右边，变成她想要的样子。这些活泼小事发生的时候，她不过3岁。3岁，她就会写字了。横撇竖捺之间，小小人生开始延漫。

三毛，祖籍河南。相传陈氏一宗四百年前，由河南迁居浙江，后乘舟抵达定海。据说，三毛原乡是舟山市定海区小沙乡的陈家村。祖父名陈宗绪，育有两子。长子陈汉清，次子陈嗣庆，皆是律师。陈嗣庆出生于上海，复旦大学法律系毕业。

陈嗣庆自幼最大的理想是成为运动员。各种体育项目，皆很擅长。年逾六十又迷上登山，七十岁过后依然热衷运动。人生总是充满奇趣。起初，尚不知前路窄阔，只知一味向前。以为终点定是山色开阔，却不想颠沛流离又辗转，抵达的是碧水清溪一线天。

时岁不居。

好似旅途。

那些儿时的梦与理想。

父亲陈嗣庆与母亲缪进兰相识时，虽是初出象牙塔的少年郎，但已长成心地开阔的青年。那年，缪进兰年方十九，正值最好的时光。她是接受过良好教育的大家闺秀，是上过“洋学堂”的知性少女。二人相遇，两相看着，只觉彼此样样都好。所谓“一见钟情”，大约如此。

因有钟情，才有勇气。后来，在两人交往一年之后，缪进兰弃学出嫁，当时她已考取上海的沪江大学。为了陈嗣庆，她放弃了去沪江大学新闻系就读的机会，嫁给了陈嗣庆，当了陈家夫人。彼时，她也就只有20岁的样子。

愿得一人心，白首不相离。是为女子，多有期许。岁月老旧，在十里洋场的上海滩，才子佳人比比皆是，然而不是谁都有这样的好运气，茫茫人海回眸一看，便是良人。有的人，蹉跎一生，也未能遇见真心，比如张爱玲。三毛也知道，一生一世，如果能够活得跟母亲一般安稳静好，已是至深的福气。

陈嗣庆与缪进兰都是知识分子，又实在是举案齐眉的情深伉俪。若是在今时今日这样大体安稳的年代，倒显得寻常。唯在乱世，那情之热烈、爱之深刻，看过去方才显得壮阔。也唯在乱世，那种而今已成绝迹的深久情意，方才可见。有幸，三毛见得了，也经历了。

三毛出生时，上海已沦陷。婚后，陈嗣庆不甘生活在沦陷区忍受故土被侵之辱，恰逢后方需要，便只身前往重庆。当时，缪进兰已有身孕，为了避免妻子孕身奔波，陈嗣庆独自离开，与妻暂别。世事纷繁，又多乱扰，因此，那些情里情外多出许多身不由已跟无可奈何。

不想一别，竟是经年。

直到诞下长女陈田心，缪进兰才在父母敦促之下做了决定，赶赴重庆与丈夫会聚。缪进兰，一个弱小女子，怀抱初生婴孩在战乱中长途跋涉，流离颠簸中艰难抵达重庆。各种艰苦和心酸，不足为外人道。祸乱时年，最见真心。

这段人生，日后成了子女不可或缺的枕边故事，日夜寻着母亲来跟他们讲。彼时，三毛尚幼，虽不通儿女情长，但也知道，父亲跟母亲，仿佛就像书中所描摹那般，叫作“地久天长”。也因有父母爱情之典范在先，此后余生里每一段出现在三毛生命里的爱情，都有了参照，也是比较。

缪进兰携女抵达重庆之后，陈嗣庆兄长陈汉清一家也携儿带女来到后方。兄弟二人密不可分，两家人齐居一室，直至移居台湾，始终未曾分离。陈氏兄弟手足之情深不言自明。两家亲近至三毛只唤大伯母（陈汉清之妻）为“妈妈”的程度，反而称呼自己母亲为“姆妈”。

1948 年，时局大变。陈氏兄弟举家移居台湾。三毛的童年就像齐豫在《轨外》里唱的那样：“哪家的孩子不上学，只有你自己自己最了解。啊——出轨的日子，没年没月没有儿童节。小小的双手，怎么用力，也解不开，是个坏孩子的死结。”她一唱，就连童真也都变得心酸了。

那一年，三毛 5 岁。

02 | 南京

时光如水。

孤独的，
总是那一颗，
细瘦的心。

那些时年，幸你年幼，似永无止息的劳碌或是奔波，在你记忆中存印下来的只是忙碌又朦胧。虽然时局混乱，但陈家家境良好，三毛也一直过着相对优渥的生活。战乱不曾让三毛的童年大动干戈、鳞伤遍体，只让她早早看到人间疾苦和世道沧桑。

徙居台湾之前，三毛一家曾在南京宿住了几年。鼓楼区，头条巷4号，便是三毛的家。在老旧的南京城里，陈家宅院的二楼有一间阅览室，是陈氏兄弟专门辟出来以供上学子女使用的微型图书馆。当年，三毛的长兄长姊们，有的入读中央大学，有的念了金陵中学，最小的也开始上学。

只有三毛，日日与那仿佛永无止境的孤独做伴。三毛曾在文章里写过一个叫作“兰瑛”的女子。她的身上大约也是背负了沉重往事的。战乱岁月，她孤身一人携子逃难。因兰瑛与陈家的老仆是远亲，母子二人便入了陈家，得以被收留。虽是做陈家女佣，但陈家上下都待其母子二人极好。

唯独三毛例外。

兰瑛的儿子在三毛的笔下被唤作“马蹄子”。各兄姊入校念书的时间，家中多半便只有三毛一个女童。玩伴是没有的，直到马蹄子的到来，那漫长时光打发起来方才有了些许的欢意。只是三毛怕极了马蹄子头上的癞痢。且那方寸头皮上又总抹了些白粉。看上去甚至污脏。

每每趁兰瑛不注意，马蹄子靠三毛太近些的时候，她总是要慌忙躲开的。那时候，三毛也实在是讨厌他的。可是，若没有了他，三毛的童年怕是也要逊色几分。他几乎成了三毛童年唯一的朋友，貌似嫌弃，分明依赖。那一点喜厌交杂的感情，让三毛幼嫩的童年变得饱满丰盛。

她天性早慧。那静深的宅院里，除了玩伴，她慢慢有了别的需索。求知欲，驱使她总是待在那并不宽宏的阅览室里。有书，方得一二慰藉。“那个地方什么都没有，就是有个大窗，对着窗外的梧桐树。房间内，全是书。”也因此，她与文字之间的缘，终于有了着落。

每一个天才作家的启蒙之书都不一样。在三毛的记忆中，张乐平是她记住的第一个作家。他创作的漫画作品《三毛流浪记》也成为三毛牢牢记住的第一册书。还有后来读到的《三毛从军记》，虽只是漫画，但给予了三毛一段很是欢悦的童年时光。而三毛与张乐平之间的缘分，不止于此。

热爱三毛的人那么多，然而没有几个人知道张乐平这位漫画人物“三毛之父”后来竟成了作家三毛的干爹。虽然此三毛非彼三毛，但二者又有千丝万缕的关系。当年，三毛家中还有一套商务印书馆出版的童书，是由鼓楼小学的校长陈鹤琴先生所编的。后来，三毛竟也入读了鼓楼小学，成了陈鹤琴先生的学生。

不过三四岁的年纪，诸如《木偶奇遇记》《格林兄弟童话》《安徒生童话集》《爱的教育》《苦儿寻母记》《爱丽丝漫游仙境》等诸多童书也都一一被三毛翻阅过。虽是“目不识丁”，但也不知怎的，翻书读画，总是令她十分快乐。

用她自己的话说——

她是先看书，后认字的。

仿佛是等待了几生几世的事。一日，三毛被告知可以入学念书。遗憾的是，日盼夜盼而至的欢喜只是昙花乍现，潦草收场。在鼓楼幼儿园入学没多久，内战接近尾声，国民党战败，陈氏兄弟便做好了徙居台湾的准备。三毛的学途因此开始波折。

那日下午，她在家中闲耍。日光甚好，她立在宅院里的假山前看蚕。本是一段安稳辰光，殊不知被遽然闯入的哭声惊破。待小女子循声望去，只见家中老仆怨愁极深地立在角落。三毛还记得，当年通货膨胀厉害，那个下午，长姐与她的手里都还握有一大沓金圆券耍玩。

她和姐姐都不知发生何事。二人蹑手蹑脚踱至老仆身旁，细细一问，方才知道，这沧桑古丽的南京城是待不久了。他们要举家搬到一个南方以南的孤岛。她不知，远方岛屿是何模样，也不知这一去要颠沛多久，更不知这一去还能否归来。人世飘蓬，从来无措。

是年，她5岁。临行那夜，她独自躺在窄小的床上，无法入睡。似心无所想，却又实在焚心如煮。心底那一点孩童的慌张似乎又夹杂了一点成年人的惆怅。好在她年幼，所有被记忆夸大的落寞和孤清，将来都会一点一点消淡。除了，她终将领悟的，那一种隔世的乡愁。

就这样，在后知后觉的忧伤里，三毛与南京告别，以一种此生不复再见的绝望姿态。当年，她还是那样年幼、那样瘦小。南京，这座古旧苍丽的老城，独自矗立在苍茫大地之上，以一种桑榆之年的底蕴和悲怆，留在三毛记忆深处，成了最初的印象，也是唯一的印象。

乘中兴轮，渡往对岸。

她，要去台湾了。

台湾，在中国地图上，只是一座寂寞孤岛。隔着海峡，与大陆遥遥对望。这当中横亘的，并不只有滔滔之蓝水、浩浩之波涛。还有那一种，两岸之人真真切切几生几世亦不能决断的遥远乡愁。乡愁，是天下之人永难治疗之顽疾。异乡异客，最是难当。乡愁，余光中写的最好。

小时候，
乡愁是一枚小小的邮票，
我在这头，母亲在那头。

长大后，
乡愁是一张窄窄的船票，
我在这头，新娘在那头。

后来啊，
乡愁是一方矮矮的坟墓，
我在外头，母亲在里头。

而现在，
乡愁是一湾浅浅的海峡，

我在这头，大陆在那头。

那年，你随双亲离开南京远赴台湾时，大约不知道这世上竟有人，能将你窄瘦幼嫩的心里那一种不可名状之情愫，表达得这样准确、深切。多年以后，当你蓦然回首，昨日之琐细与今时之背影，就好像，当年的你，站在童年的日光之下，用离开的姿态，遥望未来。

03 | 台北

台北。松江路。

三毛在台湾的第一个家，在这里。风清月朗的旧时光，喧嚣聒噪的新街巷。是从这里，她的此生此世方才算真正有了路轨，有了开端。漫漫生涯，轻轻时光，一点一点有了质感。从松江路的一处日式平房开始，陈氏兄弟两家共 12 人，开始了他们的台北岁月。

光复初期的台北，除了昔日总督府等少数建筑，城内几乎皆是低矮的日式木造平房。日本战败之后，台湾方面接手日本产业，遣返日本军民之后，腾挪一空的日式平房大多分配给迁徙来台的公教人员居住。陈家，便是居于这样的住处。

几年之后，子女年岁见长，陈嗣庆一家搬迁到相隔不远的合江街36巷32号。住的依旧是如从前一般模样的日式房屋。在这并不宽敞的简屋素舍之内，三毛真正开始了自己的岛屿生活和童年时光。幼嫩如粉的，纯真似金的，也隐约渗透出一点沧桑如褐的。

多年之后，那些旧日时光沉淀下来，流注于她的笔端，成就了一篇又一篇童真光亮的文章。记忆之妙，在于能够存留于时光长河里的，未必都是大悲大喜，反而多是那些微细又琐碎的小事。小到你曾经以为不足挂齿，却总要多年之后某个黄昏或夜半时分，眨眼念及。

恰如三毛文章之妙，正在于：

平凡见喜。
朴素见真。

最年久的，大约是她写的那一篇《胆小鬼》。总会在某个时间点，小小孩童会生发物欲，知道金钱之好。偷偷从父母的钱夹里拿出一张纸币，以为可以瞒天过海，最后东窗事发。

如此小事，几乎成了大多数人童年往事的交集，大同小异。就连三毛，也不例外。可是“这件事，说起来是十分平淡的”。

有一次，她从母亲的五斗柜上“窃”来五块钱，揣在兜里如坐针毡地度过了整整一个下午。对于当时的她来讲，有了这五块钱，天地之大，皆在手中，人世间再没有比这更大的事情了。兴奋、惶恐、惊惧，小小心房，五味杂陈，所有意念都在与那一张红色纸币纠缠、交织。直至傍晚。

最终，她一如儿时胆怯的你我，只是赤着脚快步跑进母亲的睡房，将钱卷成一团，匆匆丢到五斗柜跟墙壁的夹缝里，逃回床上之后，她才松了口气。可是，那个夜晚，三毛没有睡好。她想着，自己是个胆小鬼，寄托在五块钱上的所有梦想都因此付诸东流。心中酸楚。她本可以用五块钱买书，买很多很多的书。

说到读书，也是在那个年纪。当时，有一家以租书业务为主的书店，使她有了机会读书。

这里不只是租金便宜，最重要的是有一个好店主。每每见三毛租书，他总会殷切指导，告诉三毛哪些书好，哪些有趣，哪些深奥。令三毛印象最深刻的一套书是当时由著名翻译家赵唐里先生翻译的劳拉·英格尔·怀尔德创作的美国西部生活故事。

读完书店所有的儿童书之后，她开始读《红花侠》《三个火枪手》《基督山伯爵》《堂吉诃德》《飘》《简·爱》《琥珀》《傲慢与偏见》《呼啸山庄》之类的外国经典小说。后来，又读《西游记》《红楼梦》等中国古代小说。她跟姐姐陈田心，一起沉迷于书卷之香。

如《西游记》之类的古典故事，三毛是从“听”开始的。姐姐在一旁阅读，她便央求姐姐念。姐姐一边读书，一边给三毛讲故事。有时候，姐姐打趣三毛，要收一毛钱才给讲一回。等到《西游记》讲完了，姐姐还会给三毛讲《红楼梦》。那时，三毛第一次知道什么叫作“恋爱”与“言情”。

之于三毛而言，最重要的文学启蒙之书便是《红楼梦》了。五六岁开始接触，到十一二岁便是大部头地啃读，真正地读，读至痴迷。甚至在课堂上，她也忍不住要把书藏在裙子下面偷读。当她读到最后癞头僧与跛足道携宝玉而去时哭成泪人。只听那一僧一道唱：

我所居兮，青埂之峰；

我所游兮，鸿蒙太空，

谁与我游兮，吾谁与从？

渺渺茫茫兮，归彼大荒！

她对《红楼梦》一生爱赞，说这是她要读一生一世的书。也是《红楼梦》的缘故，文学成了三毛一生追求的目标。如此，她方才有了开始，眷恋文字，眷恋尘世，眷恋浮生沧浪与万丈红尘。只是那时，她年幼如新生绿草，只知岁月蓬勃，未尝人世险堕。前途迢迢，尚有苦难和疼痛，待她体尝。

抵达台湾时，三毛尚很年幼。在母亲缪进兰的游说下，终于将比入学年龄小许多的三毛送进了学校念书。三毛说："我没有不识字的记忆，在小学里，拼拼注音、念念日报，就一下开始看故事书了。"从无凭空而降的天分，只有潜移默化的熏陶。

你怎么过一天，便怎么过一生。

人生事事百相，皆是因缘和合的结果。少时的三毛，也并不知道，将来有一日，她会以写作为生，为生死而写。青葱时年，日疏云卷，与之晨夕相伴的除了岁月，只有书。小学毕业的升学联考之后，三毛全然无心关注升学发榜的事。只是一心钻入“闲书”当中，无心他顾。

《射雕英雄传》《大戏考》《水浒传》《儒林外史》《今古奇观》《孽海花》《六祖坛经》《阅微草堂笔记》《人间词话》《复活》《罪与罚》《死灵魂》《战争与和平》《卡拉马佐夫兄弟》《猎人日记》《安娜·卡列尼娜》……

她几乎成了一个与生活脱节的孩子，十一二岁的年纪依旧没有玩伴，也不缠绕父母家人。对她来讲，最快乐的时光，便是搬个小椅子，坐在院中墙角的大树下，两耳不听闻，万事不关心，以书为伴，以书为友，嗜书成瘾。唐末诗人王贞白那两句“读书不觉已春深，一寸光阴一寸金”用来形容当时的三毛最是贴切。

她说：“望着架上又在逐渐加多的书籍，一丝甜蜜和些微的怅然交错地流过我的全身，而今我仍是爱书，可是也懂得爱我平凡的生活。是多少年的书本，才化为今日这份领悟和宁静。我的心里，悄悄地有声音在对我说：‘这就是了！这就是一切了！’”

读书这件事，本身亦似身居孤岛。在这个孤岛上，她没有旁人，只有书，只有文字，只有渺渺不可亵玩的绿页红书。她跋涉千山，穿越万水，来到此处。琴心鹤意，与世两忘。那时，她只是锁骨嶙峋、脖颈垂垂的小女子，清清瘦瘦，无忧无邪。

读万卷书，行万里路。

只有你做到了，亲爱的三毛。

04 | 孤岛

她是个特立独行的女子。

始终都是。

三毛爱书，不爱课堂。她从小就显露出一种与庸常的生活节奏格格不入的气场。身为女子，她本可以循规蹈矩，走本有的路，迈工整的步，长成一个无失无过的寻常淑女，然这非她心中所念。她想用心过完这辈子。活一辈子，要抵过别人的几生几世，才好。

书海泛游的那几年在她心中埋下火种，予她以指引。小学将要毕业的时候，三毛初生写作的念头。愿与文字相依，以之为氧，以之为水，以之为食，以之为衣。然而，她又实在年轻，年轻到“要怎么过自己的一生，大人自然得问都不问你一声”。

那时，在台湾，小学毕业之后，学生需通过联考才能升学。因此，在那个年代，十二三岁的少男少女也就失了童真的照拂。日日夜夜都在念书、赶读。补习的事情也成为顺理成章的事，三毛也不例外。少年补习的日子，令她难以喘息。

她说，“有如进入了一层一层安静的重雾，浓密的闷雾里，甚而没有港口传来的船笛声。那是几束黄灯偶尔挣破大气而带来的一种朦胧。照着鬼影般一团团重叠的小孩，孩子们留着后颈被剃青的西瓜皮发型，一群几近半盲的瞎子，伸着手在幽暗中摸索，摸一些并不知名的东西”。

在三毛心中，小学的最后几年生活，几乎是黑暗无光又阴森可怖的。无以言表的学业压力，在她单薄又无力的瘦小肉体上显得十分沉重。三毛的文章之所以能够以平朴文字撼动人心，便在于所思所写，如在你我身旁。她让你看到她的时候也看到自己，看到那些忧思和怅惘。

谁不曾有过黑暗的求学时光。

谁不曾有过沉郁的成长节柯。

只是你我负重不言，而三毛义愤填膺。她想要离开。甚至，在那么小的年纪就想到了——死亡。她说：“想到 20 岁是那么地遥远，我猜我是活不到穿丝袜的年纪就要死了，那么漫长的等待，是一个没有尽头的隧道，四周没有东西可以触摸，而只有灰色雾气形成的隧道，而我一直踩空，没有地方可以着力，我走不到那个 20 岁……”

但，日子总是要过去的。

小学毕业之后，她考上北一女中。考上重点中学这件事，三毛说时风趣。她讲：“怎么会进去的，只有天晓得。小学六年级那年，生活那么紧张，还偷看完了整整一大部《射雕英雄传》。”好个乖张的小女子。在她心里，重点中学也比不过郭靖、黄蓉的生死相依来得刻骨铭心。

考上北一女中，日子也算焕然新生。身旁是新的面孔，心底是新的期许。唯一不变的，是她对书与文字的钟情。纵身一跃，沉入书中。世间声色和天地尘埃，皆是与她无关的。彼时，是那样一个洁净的好年岁。她也真的幸运，家里家外，触手便可坐拥书海。有时，最不抗之欲望，便是读书人对书的渴望。

她也曾是个偷读“闲书”的孩子。也正因如此，学习成绩自然出现退步。名次不过中等，勉强无须留级。差强人意的学业倒也未能令她有丝毫忧虑。三毛从不觉得这些重要。于她而言，有“闲书”可读，有文章做伴，便是满足。恋人不如恋物，恋物不如恋书。

暑假一到，她便钻入租书店，用尽零花钱，将一本一本旧俄作家的小说搬回家中，一行一行地啃读。所有的热爱，她都倾注于文字，毫不吝啬，只觉不够。后来，她又在家中翻出古典旧书，是线状的那一种。泛黄的薄竹纸、白棉的装订线，令她欢欣雀跃。再没有比这更能令她快乐的事了。

她说：“每本书前几页有毛笔画出的书中人物，封面正左方窄窄长长的一条白纸红框，写着这样端正秀美的毛笔字——‘水浒传’‘儒林外史’‘今古奇观’……”她第一次领悟到一本书的外在与内在同样重要。重要到，同样的内容，改头换面之后，一本本放在那里，就是一件件不可思议的艺术品。

初二的时候，三毛痴迷读书到就连上学和放学挤在公交车上也依然不肯弃书不读的程度。自顾自地抱着司机座位身后的杠，读得投入。从外国文学，到中国古典文学，她如获至宝一般沉溺当中不愿自拔。初二学年的第一次月考下来，三毛有四门功课没有及格。

父母知情之后，前来警告、劝导，三毛孝顺，不忍忤逆，方才收了心思，变成一个勤奋苦读的好学生。可是，好景不长，她便遭遇折磨，是始料未及也实在是无法料及的事情。世事磋磨，皆是注定。她也不是不曾迁就过、妥协过，然而从众，有时不过是另一种本末倒置。

三毛擅长文擅长画，却不擅长数学。三毛不擅长数学，只能用最难以见效的方法——将平时所练习的数学题死记硬背在脑海中。恰巧小考题目简单，出的都是她平时练习过的题目。因此，三毛出乎意料却又在情理之中地得了三次满分。事之好坏，一线之差。并非每一次的出挑都是圆满。

素来在数学方面表现平庸，忽然连得三次满分，致使弱不经事的三毛在那样小的年纪就陷入了信任危机。任课老师直接怀疑三毛作弊。这样的怀疑对三毛来讲是个沉重打击。用她的话便是，“作弊，在我的品格上来说，是不可能，就算你是老师，也不能这样侮辱我”。

后来发生的事，更是令三毛终生难忘，也带给了少年三毛巨大的心理创伤。无论何时何地，总有人遭遇排挤。当年的三毛，则是被老师孤立。那是一种无以言表的失魂落魄。仿佛孤身立于无边荒原，无助、绝望，如陷囹圄，重要的是，当年的她，尚且年轻，又很弱小。

任课老师故意刁难，命全班学生自习，单独拿给三毛一张试卷，考题都是尚未学到的方程式。三毛自然是无法下笔作答。这也正是任课老师想要的结果。零分考卷，是任课老师羞辱三毛的最有效手段。惩罚三毛的方式，竟然是用毛笔蘸墨在三毛的脸上涂画眼圈示众。

墨水未干的时候，顺着脸颊往下淌，便流进三毛的嘴里。班里同学见状，是一阵哄堂大笑。哪怕如此程度，任课老师仍觉不够，命三毛沿着教学大楼的走廊来回走。廊上同学见到，一阵一阵尖叫和大笑，如针如刀，射向三毛。校园霸凌，从不鲜见。只是，这一次霸凌三毛的，是人之师表。

她宁愿被老师体罚，也不愿遭此羞辱。三毛爱恨分明，从来溢于言表。她甚至直接在文章里讲过："有好一阵，我一直想杀这个老师。"内心惨痛，可以想见。然而，即便受耻，她也不曾为此掉过一滴眼泪，不曾向父母讲述万一。她只是独自洗净回家，躺在床上，拼命流泪，把自己一颗破碎的心藏好。

事发第三日，她终于倒下。清晨上学，走在学校的走廊，看到自己所在的教室之时，三毛应激一般地昏倒在地。经此一事，少年三毛第一次出现心理障碍，一日比一日严重。她开始封闭自己，无法与世界交流，从身体到心。可是，她也明白，她要在这令她不安的世界里安静地活下去。

可是，她还能做什么呢？

除了，逃学。

05 | 深海

花季未必开花，雨季必然落雨。

有的人，青春岁月是一首诗，是燕衔泥，是鹤穿云，是相见欢，是少年游。有的人，校园生活是一道疤，是破伤风，是抑郁症，是百花成畸零，是灵鸟被圈禁。流年如水，有的人走失于岸边，有的人游弋水中央。三毛，是那个啸风狂雨之中走失过的少女。她也不想，只是害怕。

“零分事件”之后，她起初强忍内心惊慌，想要坚持按部就班上下学。可是，每每抵达学校之后，看着眼前那一座米黄色建筑，总抵不过往事追索，令她身心俱疲。她对自己说：

“这个地方，不是我的，走吧！”因此，她开始逃学。再无什么比少女时期的恐惧和孤独，更具摧毁力的了。

有一次，她坐公共汽车去了六张犁公墓。一个本就阴森寒凉之地。三毛却不以为然。她甚至觉得，在那当下，世间也就只剩得这一处寂静之地是属于她的。也是第一次，她距离死亡如此之近。只有死去的人最懂沉默和安静，也只有死去的人对她再无伤害、再无怀疑。

有时，活着比死亡更令人绝望。

除了六张犁墓地，三毛认识的墓地还有北投陈济棠先生的墓园、阳明山墓地，以及市立殡仪馆附近的一带无名坟场。她说，“世上再没有比跟死人做伴更安全的事了，他们都是很温柔的人”。去墓地看书，成了三毛阴暗的少女时期唯一的慰藉。她想要的，只是一段比黎明更静的时光。

当年，三毛的母亲缪进兰并不知情，一如往常地每日清晨给三毛当日的伙食费。她不知道，三毛总会将它们存下，去牯岭街的旧书店买一些书看。她将伙食费攒下来买的第一套书，叫作《人间的条件》，共上、下两册。人间险恶，都在书中。

看得明白，未必能受。她变得自闭。

书，是她最安全的舒适区。

三毛旷课，倒也旷得周全。每旷课两三日，便会去学校坐一天，给老师留下一个在校的印象，继而再失踪几天去墓地看书。如是再三，瞒住很长一段时间。当时，三毛家中还未安装电话，校方与家长通信联络并不方便，因此，陈家父母也一度毫不知情。直到，校方给陈家寄了一封信。

收到校方的来信，陈家父母方才得知此事。深入了解事情原委之后，父母没有说过一句责备三毛的话。这令三毛备受感动。三毛总想，虽然逃学是自己的错，但是事有前因后果，若是连父母都不能理解自己，才最是寒心。好在父母爱女，对她的敏感和脆弱，既体谅也宽容。

事后，父母曾鼓励三毛重新入校，望她不忧不惧，望她面对现实。不过，三毛知道，面对自己内心不喜欢的事，才是真正的没有面对现实。三毛没有听劝，仍旧选择逃课，去省立图书馆看书。信任，易毁难建。三毛与校方，也是如此。见女这般，缪进兰不忍逼迫，放弃了让三毛再次复学的念头。

在母亲的眼中，无论子女如何卓越，永是平凡儿子、寻常女儿。需要疼，需要爱，需要包容、体谅和陪伴。三毛敏感、脆弱，平生所求不过“真实”二字。一如缪进兰说的：“三毛是个纯真的人，在她的世界里，不能忍受虚假，或许就是这点求真的个性，使她踏踏实实地活着。”

三毛休学长达三年。

之于三毛而言，三年时间既短暂也漫长。短暂不过昼夜，漫长超过一生。时光是一艘老船，摇摇晃晃地载她驶入人间，又摇摇晃晃载她历经磨难。最终，摇摇晃晃地载她寂静离开，驶向不可知的远方。三年六个寒暑，成了少女三毛从黑暗走至光明的甬道。一点一点，长成铿锵女子。

刚刚休学之时，三毛被母亲送进一家美国学校，学插花，学钢琴，也学国画。跟随名家黄君璧习山水，跟随名家邵幼轩习花鸟。那段时间，姐姐陈田心开始寄宿学校，三毛有了单独的卧室，平日所学皆是三毛喜爱的。因此，对她来讲，那是一段温柔且明媚的时光。

在家时，陈嗣庆会亲自指导三毛读英文小说。三毛记得父亲念给她的第一本短篇小说集是欧·亨利的《浮华世界》。缪进兰也会给三毛买一些英文漫画故事。每日黄昏，父亲与她并肩坐在老藤椅上，面前摊开一本《古文观止》，一页一页地赏读，亦有唐诗宋词在侧。岁月静好，莫不如是。

就连父亲私下为三毛定做的美丽书橱，也成为三毛记忆当中不可或缺的纪念之物。直到很久以后，它依然安静地放在她的家中，如少女，似宝物。一个眼神落在上面，目下一切都泛着暖意。父亲在左，母亲在右，书在前，琴在后，日月有心，万物有灵。

彼时，屋里窗外仿佛是只属于她一个人的人间。孤独是她的一座秘密花园。花园里，除了她，只有花鸟草木，只有书中人与梦中诗。直到后来，她遇见生命里最重要的五个人。在三毛休学的时间，他们陆续走进她的人生。最先遇见的，便是你，顾福生。

遇见你，往后余生，都是值得。

贰

爱到花开倾城时。

06 | 黎明

遇见顾福生时，三毛 16 岁。

顾福生是三毛的老师。受教于顾福生之前，三毛在家中三年多的唯一娱乐，便是在无人的午后绕着小院的水泥地一圈又一圈地溜冰。她说："除了轮式冰鞋刺耳的声音之外，那个转不出圈子的少年将什么都锁进了心里，她不讲话。"与顾福生相识，是命中的缘。

姐姐陈田心生日那天，家中来客。三毛在角落远远看一群人聚乐。其中有一对姐弟，叫陈缤与陈骕。陈骕是学画的，众人高兴，便让他作画。他趴在地上，一笔一笔，醉于其中。不久，倒地的战马、中箭的白人、惨叫的土著、燃烧的篷车，跃然纸上。一幅油画就此而成。

画的内容就是，“一场骑兵队与印第安人的惨烈战役”。三毛惊觉其画工之精妙，满心好奇。日后从陈骕处得知，他师从于顾福生。谁人知道，一场纸上的印第安战役，日后竟把一个极端敏感的失学少女，推至台北最具有现代艺术概念的艺术家面前，扭转了自己一生的命运。

顾福生是“五月画会”的画家。20 世纪 50 年代，虽然台湾经济和信息发展皆缓慢，但是艺术领域出现了两个十分重要的画会：“东方”和“五月”。1957 年，年轻艺术家集结成立画会，以温和的文艺运动，将现代艺术的观念推展开。顾福生便是“五月画会”成员当中杰出的画家之一。

从陈骕的那一幅画开始，三毛便总思量，把陈骕的画教得这样好的老师是如何模样，如何性情。三毛突然很想当顾福生的门生。是这样的罕见，她竟在自闭这样长久的时间之后能愿意主动与谁靠近，要与谁相识，甚至相知。她在黑暗中把自己往前推了推。光，近在咫尺。她央陈骕引荐。

虽然与顾福生约定见面的日子尚早，但是三毛已然寝食难安。走出家门，回到外面，重新进入那个自尊被践踏过、被凌辱过的危险恐惧的世界，并不容易。连她自己也很惊讶，她怎么就莫名有了执着和勇气。她看到了自己心中的那簇微火，蠢蠢欲动，想要做点什么。

休学期间，父母也曾为三毛单独请来老师，且换过多位。除了教学，似乎都与三毛不大投缘。今次，是三毛主动寻师，令父母惊讶之余，也颇安慰。或许，见面之前，她也有过挣扎。见与不见，不知如何。要重新积蓄多大的勇气，才能让一个自闭少女重新打开那颗困锁许久的心？没有人知道。

泰安街，2 巷 2 号。他在那里。

那日，她惴惴不安抵达他处。既似内心空静，又似针毡在下。有一种不可名状之情愫盈满身体。是一种踏入新天地推门迈入之前的胆战心惊或是羞涩心怵。门开了。有人带她穿过杜鹃花丛的小径，走去了顾福生的画室。那是一个只有满地油画的房间。空无一人。她在等。

等待身后出现的人。当背后纱门一响，三毛猛然回头，看见了这个即将改变自己一生的人。提及顾福生，三毛写："那时的顾福生——唉——不要写他吧！有些人，对我，世上少数的几个人，是没有语言也没有文字的。"他在她心中，分量太重。

顾福生，顾祝同之子，将门之后。虽身材并不高大，但他生得一张清秀面孔。素日是安静的人，品格亦好，为人亲切善良，待人诚恳热情。在台北文艺圈里，他是出了名的美男子。可是，他立在那里，三毛看他，总觉得他寂寞。唤了一声"老师"，三毛便跟随在侧，久之又久。

三毛曾说："许多年过去了，半生流逝之后，才敢讲出：初见恩师的第一次，那份'惊心'，是手里提着的一大堆东西都会哗啦啦掉下地的'动魄'。如果，如果人生有什么叫作一见钟情，那一霎间，的确经历过。"她和顾福生的师生缘分，仿佛是前生注定的。

其实，在外人看来，顾福生是一个"怪人"。身为一名画家，却既不愿看画展，也不愿出席自己的画展。哪怕出席，他也总是希望可以不穿西装，不打领带，最好也不上台发言。顾福生不止一次在画展开幕前，跟画廊请诉："我不要参加展览，可不可以回家？”

多年之后，顾福生在美国洛杉矶靠近沙漠的一座小城隐居。因为很少开车，所以家中的车库就是他的画室。每日早餐以后，他都会画到中午，有时午睡时间也会作画。他明言过：“我现在还是喜欢孤独，我在一个小城很安静、很干净……台北人多……现在我来了台北就怕。”

世间相遇，都是重逢。

一如三毛之自闭与顾福生之孤僻。

顾福生教三毛画画，从不强求，亦不严苛。字字句句皆如兄长，说话亦都是商量的语气。也不将三毛看作孩童，对三毛的感受照顾周全，极为尊重。一如三毛所说，他是“一种温柔而可能了解你的人”。他从不把她当成自闭的少女，待三毛唯用心、真诚。

那时，跟随顾福生上课的学生不多，一周两次课。只有三毛从不落课。有时候，只有她跟顾福生独处。独处的好处在于，那人的一言一行都被无限放大在眼中、心底。她甚至觉得，他温柔可亲的仿佛是一个“爱人”。两个内心与世疏离的人相遇，仿佛是种皈依。

当年，三毛主要是通过模仿学画的。三毛总觉自己天赋不足，时常遭遇“瓶颈”，落笔维艰。可是，顾福生耐心，对她十分包容，从无怠慢。无论何时，总是言语温和，从来没有脾气。在那段孤独至死的时光中，顾福生的家，是三毛唯一肯去的地方。

其实，三毛有过放弃学画的念头。当三毛想要放弃时，顾福生但笑不语。只是将她领走，带她去看自己的油画。顾福生的油画是一绝。彼时，顾福生不过二十五六岁，尚很年轻。那个时期，顾福生的作品略有 Amedeo Modigliani 和 Bernard Buffet 的风格在。

看顾福生的人体油画，三毛总是心惊。他的作品风格强烈，三毛说：“那些苍白纤细的人体，半抽象、半写真的油画，自有它的语言在呼应着我的心，只是当时不能诉说内心的感觉。以后的我，对于艺术结下了那么深刻的挚爱，不能不归于顾福生当年那种形式的画所给予我的启发和感动。”

三毛画过一幅人体。一个瘦削至难辨性别的白色人体背影，赤裸着，一块贴上身的绷带散落在脚下，暗蓝的背景，如水在淌。顾福生看了，也不责备，只说可以再画，便悄声走开。而她，又实在喜欢这画，情不自禁在右下角签上了自取的英文名字：Echo。

Echo。回声——希腊神话中山泽女神之名。相传，众神之王 Zeus 之妻 Hera，因疑心丈夫爱上了 Echo，迁怒 Echo，令她无法说自己的话，只能重复别人对她说的，犹如回声。回声，跌宕在时光隧道里，穿越黑暗和枯寂，抵达你时，你已长成别样的女子。

三毛对于绘画艺术的热爱本就不亚于对文学的热爱。甚至在更年幼的时候，她痴迷毕加索至不能自拔的地步。总想着，要更快地长大，长大之后嫁给毕加索。她说："将来长大了，去做毕加索的另一个女人。"只是想要陪伴他，一起老去。

那日在顾福生的油画室，三毛倒未听得老师绘画上的心得，竟是得到几册赠书。一本《笔汇》之合订本，与几本《现代文学》杂志。临走前，顾福生方才提了一句——"下次来，我们改画水彩，素描先放下了，这样好吗？"又一个机缘，三毛得以再次与文学亲近。

波德莱尔、卡缪、里尔克、横光利一、D.H.劳伦斯、爱伦坡、芥川龙之介、康明斯、惠特曼，自然主义和意识流、奥德赛与卡夫卡。三毛被一袭文学巨浪扑倒，却视死如归、甘之如饴，好不快活。那几日，三毛如获至宝一般，将几册书读至烂熟。

她说：“在那几天生吞活剥的急切求知里，我将自己累得虚脱，而我的心，我的欢喜，我的兴奋，是胀饱了风的帆船——原来我不寂寞，世上有那么多似曾相识的灵魂。”说到底，还是文字将她俘虏。后来，顾福生开始鼓励三毛写作。

一日，三毛鼓起勇气将自己的文章拿给顾福生评阅。他倒也爽快，还将文章转交作家白先勇过目。白先勇是顾福生的发小，他的十余部作品的封面都使用了顾福生的绘画，包括代表作《孽子》（台湾允晨）和《台北人》二十周年典藏版（台湾尔雅）。是因顾福生，三毛结识了白先勇。

文章叫《惑》，是一篇带有意识流特色的短篇小说。内容关于“她”在病中迷失在“珍妮的画像”中的幻觉，以及内心的封闭和仿若会永无止境的孤独。文章成功刊于白先勇主持的杂志《现代文学》月刊上，署名是三毛的本名——陈平。后来，三毛又给报社投稿，作品再次被成功刊出。

说起三毛的文学伯乐，当先是顾福生，后是白先勇。事后多年，白先勇也对自己当年大胆刊用一个不知名少女作者的处女作而颇感欣慰。因为白先勇的赏识，华语文学才有了三毛这位传奇女作家的诞生。白先勇，也成了三毛步入文坛至关重要的一个人。没有白先勇，便无三毛。

三毛知恩，曾专门为白先勇撰文《惊梦三十年》。她说：“这半生，承恩的人很多，顾福生是一个转折点，改变了我的少年时代。白先勇，又无意间拉了我很重要的一把。直到现在，对每一个帮助过她的人，都记在心中，默默祝福。”也是从这里，三毛开始了漫长又寂寞的文学旅途。

后来，顾福生因画展停了三毛的课。复课不久，顾福生便告诉三毛，他要离开台北去巴黎了。临行之前，顾福生也未曾与三毛告别，只是道了淡淡一句：“再过 10 天我有远行，以后不能教你了。”终究还是要分别。谁也抵挡不过命运迁变。至这一日，三毛已追随顾福生习画整整 10 个月，整整 300 日。

这一别，便是 10 年。

10 年之后，在密歇根湖畔凛冽如刀的冬风里，三毛从 300 千米外赶去顾福生在芝加哥的住处，拜会恩师。再相见，相见欢。分别时一如那年黄昏，恩师破例送她至巷口。而今，终只剩她孤身一人，走入芝加哥的喧哗大街。“帘卷西风，人比黄花瘦”，唯有那一身旧布长裙，袅袅婷婷。

既热闹，又寂寥。

那是 1981 年 9 月 3 日。

07 | 日月

韩湘宁。

三毛的第二任绘画老师。

顾福生在离开台北远赴巴黎之前，将三毛托付给好友韩湘宁。韩湘宁，当时也是“五月画会”的一员。在三毛的眼中，“韩湘宁老师——一个不用长围巾的小王子。夏日炎热的烈阳下，雪白的一身打扮，怎么也不能再将他泼上任何颜色”。听上去，韩湘宁大抵也是寡言之人。

其实，不是。韩湘宁，出生在重庆南岸弹子石，一生都秉有重庆人的爽利、活泼和明朗。个性纯真，仿似孩童。言谈举止皆有一种自在。虽韩湘宁素日里也总是身着洁净的白衬衫，面相又俊美，待人一如顾福生，和善亲切，但总多出一份少年似的活跃和亲近。三毛对韩湘宁自然敬重。

跟韩湘宁学画的时日里，画画的时间远不如游乐的时间多。韩湘宁教育学生的方法也活泼。常领着学生去看画展，去户外写生，去看舞台剧，去看电影，和学生打成一片。虽然三毛坚持认为自己的绘画天分十分有限，也不是最刻苦的，但追随韩湘宁的那段时日，艺术视野得到了深刻的开阔。

韩湘宁不是顾福生，他是有脾气的。三毛曾因为一幅石膏像一度触怒韩湘宁。其实，也谈不上“怒”，生气是有的。在三毛心中，韩湘宁是个极具正能量的人，深知老师外露的“怒”，是“假怒”。有时，他的喜怒哀乐更像个少年，甚至孩童。最是单纯不过。因此，三毛说他是台北文艺圈里的“小王子”。

三毛说：“韩湘宁老师把人向外引，推动着我去接触一个广泛的艺术层面，也带给了人活泼又生动的日子。他明朗又偶尔情绪化的反应，使人觉得活着是那么地快乐又单纯。拿天气来说，是一种微风五月的早晨，透着明快的凉意……他使我看见快乐，使我将心中的欢乐能够因此传染给其他的人。”

后来，韩湘宁也离开台北，去了纽约。在纽约，韩湘宁沿袭了印象派画家修拉点画的技巧，运用在照相写实的画作上，成为纽约 O.K.Harris 画廊的画家。三毛 19 岁那年，韩湘宁将三毛介绍给画家彭万墀。彭万墀不同于顾福生与韩湘宁，他敦厚、勤奋、简朴、刻苦。

彭万墀教导学生，是循序渐进、稳扎稳打的。当年，跟随彭万墀的学生有三个，三毛是其中之一。彭万墀有好口才，上课时会发表讲话。讲的内容和风格，都令三毛惊艳。她这样形容老师的讲话：“旧俄文学的光辉和华格纳的音乐都形容不出于万一。因为他是他。”

跟随彭万墀的时日，三毛学会严谨，学会认真，学会就事论事。在彭万墀的画室，三毛不敢发呆做梦、不敢嬉笑、不吃东西、不讲闲话。也就是在这里，她方才领悟到——其实，艺术本是件严肃的事情。它难以驾驭，甚至不可驾驭。懈怠之心，切不可有。

较之顾福生和韩湘宁，彭万墀年长一些。许是这样的缘故，与彭万墀相处，三毛自觉老师对学生有一股仍旧不属于他年岁范畴的父爱般关切。他对学生的尽心尽意，用三毛的话讲，便是，“一种辐射性的能，厚厚的慈光，宗教般地照射着我们”。所谓“谆谆教导”应如是。

据说，彭万墀当时痴恋同学，一个名叫“小段”的辫子姑娘。连三毛也知道彭万墀立誓要此生非“小段”不娶的事情。君子一言，驷马难追，彭万墀日后果真与“小段”结成连理。彭万墀是个踏实并且自信的人。他的人生理想，无论是在艺术上还是在情感上，均在日后的漫长岁月里一一实现。

之后，彭万墀也去了海外。三毛与他，一别更是长达22年。那一次重逢，是因彭万墀回台出差。虽很匆忙，但仍挤出时间与三毛见面。老师口才一如既往，字字珠玑，三毛甚至奔去书房拿出纸笔试图记下老师的一字一句。从日照盛烈，聊至夜深人静。再别，便是后会无期了。

三毛与彭万墀再次分别之后，不禁在文章里慨叹：“我猜，今生也是见不着他了。人生又有几个22年呢？”是实在短暂的一世，又是实在无定的今生。不是谁都能为三毛驻守一生。几多尘梦，几多离散。有一些人，来过，停下，再不离开。有一些人，来过，走了，消失不见。

从顾福生，到韩湘宁，再到彭万墀。三位恩师在三毛心中重量如山。她说："虽然个人始终没有画出什么好作品来。我只有将自己去当成一幅活动的画，在自我的生命里一次又一次彰显出不同的颜色和精神。这一幅，我要尽可能去画好，作为对三位老师交出的成绩。"

还有，陈若曦。

三毛人生中的第一个朋友。与陈若曦的际会，要追溯到三毛跟随顾福生习画时期。当时，白先勇家与三毛家离得近。因为三毛数遇白先勇而退避，所以顾福生得知之后便鼓励三毛交友。陈若曦是顾福生介绍与三毛相识的第一个人。若曦是她的笔名，她本名叫陈秀美。家住永康街 54 号。

那个年代，陈若曦已是一头短发，飒爽迷人。她热烈果敢，三毛内敛娟秀。二人真诚，一见如故，皆很欢喜。她们交往时间甚久，陈若曦甚至还以三毛为原型为三毛写过一篇名为《乔琪》的文章。在彭万墀远赴巴黎之后，陈若曦坚持鼓励三毛走出旧日阴影，摆脱自闭困扰。

也是在陈若曦的介绍下，三毛找到台北的“中国文化学院”创办人张其昀先生，争取到一个选读生的名额。虽无教育行政部门的正式学籍，但一样的注册、缴费，上课、考试。不久，三毛致信张其昀，将自己的失学经历与求学意愿一一陈述，末了诚恳附上一句“区区向学之志，请求成全”。

上午，三毛将信寄出。傍晚，便收到张其昀亲笔回复，同意她报到注册。报到那日，三毛将自己的绘画作品和发表的文学作品都一并带上。如此一来，张其昀便给了三毛两个选读意见，一是文学方面，二是美术方面。好在三毛没有学籍，可以自由选择志愿。

说完，张其昀便递给三毛一份申请单。出乎他意料的是，三毛填上的专业既不是文学亦不是美术，而是哲学。张其昀看后惊诧，问三毛日后是否要后悔。只听三毛铿锵一句道：“绝对不会。”如是，她终于长成一个心有担当的女子。走出暗影，面朝日月。

人生理应不回头，朝前走。

08 | 云岚

爱是什么？

爱是繁盛，爱是荒凉。爱是天真，爱是无望，爱是歌岛，爱是梦土，爱是永无止境的消失和缅怀。爱是裸足，爱是命。是在十一二岁的年纪，三毛就说："恋爱是什么我大概明白了，它是一种又叫对方魔鬼又跟魔鬼坐在一起谈'堤柳边/到秋天/叶飘零……'的那种黄昏歌调。"

初恋来时，你已是如风女子。

大学生活，仿佛不以恋爱点缀，便不足以语青春。苦读数载，只为身轻一朝。一颗颗闭锁多年的年轻的心，一一打开，等人进来。信步看一场花事也好，泛舟赏一湖春水也罢，哪怕两相依偎梧桐树下与闲云落花做伴，哪怕将来你走我散两忘天涯，都是美妙。三毛也不例外，会有期待。

三毛回忆少年生活的文章不多，可也足够你我读上一整个风清日朗的下午。她写过一篇文章，叫《吹兵》。初读是在年少时候。她总有这样的本事，明明只是一个平常小事，却能被她写得侠骨柔肠，动人心腹，且不骄矜，更不做作。读完那篇《吹兵》，曾落泪。

为了一句，“那是今生第一次负人的开始……”第一次负人的开始。仿佛语气当中是一种憾恨交织却又力不从心的伤感，是一种人力不敌天命的惘然。因了这缘，多年之后，也有人从人海当中认出她，找到她，负了她。人海茫茫，不是你薄情，便是我寡性，都是寻常。最好的时光，三毛遇见了他。

他，叫梁光明。

所谓“初恋”，应当是懵懂无知，应当是相爱无邪，应当是某个牵手路过街角时共饮一杯咖啡的平常下午，应当是不留余地许诺立誓的盲目自大。但是，他们没有。初入大学，作为文化学院第二届的学生，三毛行事低调，并不显得出众，与旁的女生看过去别无二致。文静、青涩。

倒是他，很出名。当时，梁光明是学校有名的才子。戏剧系二年级的学生。当过兵，也当过小学教师，是有阅历的人。还出版过两部作品，不时有文章发表，见诸各大小刊物。笔名叫舒凡。也是一个诗意的好名字。三毛是他的一个读者。

作者与读者的关系，有时十分微妙。你会因为形容举止恋上一个人，会因为风格气度恋上一个人，也会因为一幅画、一篇文章、一首乐曲恋上一个人。艺术是灵魂的映照，作品是艺术家唯一愿意向世界暴露内心缺口的凭证。无论怎样婉转，总有刹那，你能从作品的里面看到外面的他。

读得越多，想得也越多。梁光明的文章不差，三毛喜欢。读久了，难免忍不住对执笔之人遐想。这是人之常情，是一种不可回避的情愫。是怎样的一个男子，他写就了这些情深文字，他历经过怎样的过去，他在期许怎样的未来。她情不自禁，开始着迷。醒时已晚，中毒已深。

情毒之蚀，世药不可医。她恋慕他，不过只因几行文字、几篇文章。如是。从一开始，她便落了下风。爱，到现实里，纵不是竞技，也至少是博弈。有一些事情，十几岁时做是单纯，二十几岁时做是迟钝，三十几岁时做，则是愚蠢。彼时的三毛，是天真。

那个年代，古拙动人。一次回眸可钟情，一封情书能定心，一场久别重逢的背后必有海誓山盟。没有潦草的动情，更无轻漫的相许。谈情说爱，从来郑重。三毛对梁光明的情意，庄重纯粹。她是先爱上他的灵魂，再爱上他本身。她一定是真的很喜欢、很喜欢这个人吧。

就像，她在《我的初恋》中写："我深深地爱上了这个男孩子，一种酸涩的初恋幻想笼罩着我。我曾经替自己制造和他同坐一趟交通车的机会，为的是想介绍一下自己。"人生风景无数，一朝一夕，一山一水，能有人令你驻足，看了又看，已是不易。给过心，方不悔。

遇见他，她让自己很低。一寸一寸，以仰视，以恋慕，如同一粒撒哈拉的沙。年少时候，谁不曾笨拙又热烈地恋慕过一个人。热烈到可以蓄谋好久，只为见到他的那一刻，说一句，

“你好，我是三毛”。热烈到以为是可以为之生、为之死的。然而，总会过去的，好的、坏的，温暖的、冷漠的，所有的一切。

第一次正式与舒凡见面，是在三毛发表文章之后一次宴请朋友的饭局上。因朋友相托，舒凡出现在饭局上。他来得迟了些。来时，三毛宴请的同学宾客，已在吃合菜、喝米酒。独自晃荡而来，仿佛漫不经心，却又自在淡静。有人叫住他，说：“今天陈平拿稿费，她请客，大家一起聚聚。”

初相见，只咫尺。

那日，三毛为梁光明斟了一杯酒。他亦干脆，一饮而尽。三毛未来得及说更多，他便转身去和别的同学敬酒。是有那么一瞬间，她好失落，也受挫。仿佛，她从来不曾入过他的眼。之于他而言，或许她只是一个再寻常不过的小女子，甚至不值得他为之注目、停留。

她能做的，只有佯装乐观。她想，又是否他根本是在故意回避呢。她也知道，所有的故意，往往隐藏着羞涩的爱意。哪怕是宽慰自己，如此一想，她也就快乐起来。没错，不是所有的快乐都令人雀跃。有时候，快乐是表象，内里是坚强。眼见，三毛昔日那颗敏感的心日渐损毁外表的坚硬。

饭局结束之后，三毛一个人走在操场上。关于他的来与去，关于她和他的来与去。一切杳渺不可知。她又变得落寞。可是，命运迷人处便在于变幻莫测。比如，她几乎就要放弃的时候。忽然发现，他就立在她的前头，在等候。他是专门为她而停留的。

那时，她在心里说："我的一生不能这样遗憾下去了，他不采取主动，我可要有一个开始。"她终于主动走过去，站在梁光明的面前，深情又羞涩地凝视着他。终于，他无可回避地看到了她，她的眼睛，她的心。彼时，二人沉默，那似乎是一种无从说起亦无须言说的默契。

就这么两相望着，纵不说话，也不尴尬。最后，三毛从梁光明的衣袋里拿出一支钢笔，摊开他的掌心，轻轻写下家里的电话号码。那一瞬间，她似女童，羞涩欢乐，雀跃地想要欢笑起来。是极勇敢的，她让这件事，有了开始。她愿意为初恋做那个放下一切体面的人。骄矜，从不是她。

爱是什么？爱是，我们不需要体面。

09 | 烟霞

一剪闲云一溪月，

一程山水一年华。

一世浮生一刹那，

一树菩提一烟霞。

留电话给梁光明的那个下午，三毛逃课了。不知是隔了多久，她又一次逃课，然不似当年。今次，只为一个“情”字，只为一个男子。她回家之后，固守电话一旁，什么也不做，只是等。等了再等。只要电话铃声一响，她便会不自觉地喊叫起来：“是我的！是我的！”

下午大约 5 点半，三毛终于等到了梁光明的电话。梁光明约她晚上 7 点在台北车站铁路餐厅门口见。三毛顾不得羞涩紧张，便毫不犹豫地答应下来。就这样，三毛有了人生当中的第一次约会。初恋，便是从那里开始。多年以后，三毛的音乐作品《回声 - 三毛作品第 15 号》里也有了那首《七点钟》，诚恳又心痛。

齐豫唱：“今生就是那么地开始的，走过操场的青草地，走到你的面前，不能说一句话，拿起钢笔，在你的掌心写下七个数字，点一个头，然后，狂奔而去。守住电话就守住度日如年的狂盼，铃声响的时候，自己的声音那么急迫，是我，是我，是我——是我，是我，是我。”

7 点钟，你说 7 点钟？
好，好，好，我一定早点来。

恋爱中的三毛，较之从前，更加敏感。她变得情绪化，一如每一个少女一般，伤欢悲喜从无预兆。他的一个微笑，可以令她欢悦半晌。他的一次冷漠，可以令她恹恹数日。他的一句关切，又可以令她冰释前嫌。一颗心，被翻来覆去地撕裂、缝合。

三毛是想过跟梁光明走下去的。然而，不能。能够相爱从来不等同于能够相守。她想听到一个承诺，可是没有。世间情爱，非是一腔热忱即能成其长久的。需要周全的事情实在好多。一件件，一桩桩，都很艰难。顺风顺水的爱情故事，是小说。谋爱在人，成爱在天。

她想他给一个允诺，许她一个未来。但是，他未能给。敏感如她，三毛开始陷入自我缠斗与挣扎当中。再次，她想要逃避、离开。她打算去海外。然而，即便是办好了护照和机票，仍不甘心。临行前，她去找梁光明，要最后的答案。可是，梁光明给不了，他只是落泪。那天，收音机里正在播一首《情人的眼泪》。

离开时，三毛说了一句："我去一年之后就回来。"而他，回了她一句："祝你旅途愉快。"说完，他便起身要走。霎时，三毛尖叫了起来，哭喊着冲上去扑打梁光明。她不想伤他，她只是无法。那是一种，一颗心强留幻念却被当众捏碎之痛。三毛痛到哭出声来。她说过，"想哭的时候便哭"。

她到底还是离开了台湾。

一意孤行，是你。

倔强如石，是你。

情深似痴，是你。

离家那日，三毛的口袋里只有 5 美元现钞和一张 700 美元汇票单。向父母跪别之后，一言不发便离开。上飞机时，她努力地微笑，深深看了家人一眼，便再没有回头。母亲缪进兰哭倒在瞭望台的栏杆上，可是三毛没有转身挥手一次。她的离开，是那样决绝，仿佛永不再回一般。

在父亲的资助下，三毛去了西班牙。

这一年是 1967 年，她 24 岁。

初恋，似烟霞，美如画。烟霞纵美，不过刹那。初恋，仿佛就是为了分手而存在的。三毛和梁光明的恋情持续了两年，无疾而终。三毛并不遗憾，依然感恩。她说：“非常感谢这位男同学，他不只给了我人生不同的经验和气息，也给了我两年的好时光，尤其是在写作上给了我一个很好的教育。”

是这样的，总要分手的。那欢天喜地又忧伤无尽的初恋。一别二十年，他另娶，你未嫁。时光如飞梭，你们久别未重逢。横亘当中的，只是一句——珍重，再珍重。世间情来情往，多以离散收场。昔年的花前柳下，不敌今日的江湖相忘。往前走，不回头。谈什么从前，忘了吧。

出去之后，三毛极少与梁光明联络。直到 1976 年，三毛出版《雨季不再来》时，已经盛名在外。梁光明为三毛写下了一篇题为《苍弱与健康》的序文，言语端正，全无搅扰。当时，两人已是君子之交淡如水。二人要有怎样的定力和修养，方才能将如此难解之情感关联处理得利落洁净。

序文当中，梁光明说："三毛以极大的毅力和苦心，背井离乡，远到万里之外的荒漠中居家谋生，以血汗为代价，执着地换取特殊的生活经验，这种经过真实体验的题材之写作，在先决条件上已经成功了，甚至连表现技巧的强弱，都无法增减故乡人们去阅读她作品的高昂兴趣。"

梁光明懂得三毛。只是这懂，来得晚了一些。三毛从来不回避往事，过往经验恰正是三毛创作的主要素材。当中，与梁光明的初恋，也成为三毛日后文学与歌词创作的一个重要灵感来源。歌手林慧萍的代表作《说时依旧》便是三毛作的词。那歌词里，写的仿佛就是当年的她与梁光明。

重逢无意中，相对心如麻，
对面问安好，不提回头路，
提起当年事，泪眼笑荒唐。
我是真的真的真的爱过你，
说时依旧泪如倾，
星星白发犹少年。

很感谢你到来，不遗憾你离开。

10 | 游吟

你的一生便是一次流浪。

你的一生便是一回放逐。

你的一生便是一场旅行。

要放下怎样深重的爱，方才能够一离去，不管花败。要抱住怎样孤绝的心，方才能够一转身，不念旧情。孤帆远影，遥渡西班牙，语言阻碍，生活磨难，情感困扰，一切琐事只能是独自承担，必是孤身寂寂、无可商量。然她不管不顾，一心要远赴，要奔离，要流浪。说走就走。

南方朔说："20 世纪 70 年代中期的台湾……'自由'的气氛开始弥漫在每个领域，年轻女性尽管由于社会条件的限制，不太能够在公共角色上与男子一争长短，但在生活领域和感情领域，朦胧的自觉却已开始浮现，三毛的角色就是在这片天空里，三毛式的女性个人主义，也是那个时代的代表。”

第一站：马德里。

初抵马德里，三毛见到另外的世界。她的流浪，为世间女子打开了一扇窗。窗外是幽谷，是碧海，是千帆远航，是百鸟朝凤。是哥伦布的大陆，是拿破仑的佩剑。是达·芬奇的《蒙娜丽莎》，是米开朗琪罗的教堂壁画。是帕格尼尼的《D大调小提琴协奏曲》，是约翰·丹佛的乡村音乐。

之所以选择西班牙，只因读大学时，三毛听到一张西班牙古典音乐唱片。音乐，能量无限。她听着听着，心生憧憬。仿佛西班牙白房子、毛驴和大片的葡萄园如在目下。质朴又惊艳。就像是一座失乐人的秘密花园。西班牙，日渐成了三毛心中此生必去之地。

抵达马德里之后，三毛自习西班牙语半年，方才入读马德里大学文哲学院，攻读文学和艺术。万事开头难。起初，三毛在西班牙过得并不如意。先是，讲不好西班牙语，语言阻碍致使三毛只能一心读书研习西班牙语。大学生活更是磋磨，诸般不顺。

人生不如意事，十之八九。岁月并不宽宏，唯有持有一颗明净的心，才能安稳度日。世相总是迷离，人与人之间的相识相知更是不易。能够有缘相聚，已是难得。因此，三毛去到国外之后的日子里与人交际，总是谦恭、退让、隐忍，以之为美德。

在大学，三毛与三人同住四人宿舍。人心难测，以之为好的总是表象。想要风轻云淡地度过几年并不容易。在世为人，最难圆融的总是人情和世故。彼时，三毛又很年轻，仍旧单纯，行前母亲的那几句“吃亏是福”的嘱咐，终成她的负累。

每日清晨，起床之后，除了铺好床铺，她还会打开窗户，更换宿舍中花瓶里的水。打扫卫生，整理衣物。9 点钟，院长回来查房。宿舍务必得窗明几净，才能通过检查。原本这些内务是四人一起完成的，第一个月仍算和睦，总是彼此争抢来做。三个月后，一切都成了三毛的工作。

她不仅要铺自己的床，还要铺别人的床，从两个床铺到三个、四个。整理舍友的衣物。整理垃圾，拖地扫地。舍友们，每每进出，除了一脸虚与委蛇的微笑，无动于衷。哪怕在三毛明言须得各自铺床和轮流打扫之后，内务依然无人问津，全部丢给三毛。三毛委屈，却一忍再忍。

她的友好和善与不计较，令舍友变本加厉、忘恩负义。甚至，有一晚，宿舍的女孩们偷了望弥撒的甜酒，统统挤到三毛的床上来横七竖八地坐着、躺着、吊着，传着酒喝。这在学院里是严重违规的行为。因此，她们做起这件事时更觉刺激，更是疯癫。

忽然，院长莫名出现在宿舍门口，一群人立时静定下来，不知所措。因见一群人围坐在三毛的床上，院长便不分是非，认定三毛是始作俑者，将过错与是非加诸三毛身上，厉声训斥。终于，三毛忍无可忍，一怒之下，打断院长，说清了事情的来龙去脉，回敬了院长和舍友。

平日温静的三毛，有如此魄力，不惧顶撞院长，不怕指责同学，也要还自己清白。霎时，一干人等哑口无言。看着眼前这个来自中国的小女子，心中戚戚。人心不足蛇吞象，一味隐忍、退让，从来不是与人之道。温柔有时，暴烈有时。三毛，让外国人看见了她的原则和底线。

其实，她不是一味委曲求全的人。只是，他乡艰辛。她说："我一再地想，为什么我要凡事退让？因为我们是中国人。为什么我要助人？因为那是美德。为什么我不抗议？因为我有修养。为什么我偏偏要做那么多事？因为我能干。为什么我不生气？因为我不是在家里。"

三毛深知，父母用心良苦。然而，中式教育里"吃亏是福"的说法在海外完全行不通。她以中国礼教式的谦恭与外国人相处，只令她"货真价实成了一个便宜的人"。她不允许欺善怕恶的洋人对自己毫无来由的怠慢和轻贱。纵是与人撕破脸皮，她也从不觉得自己做错什么。

惊讶的是，事发之后，三毛不仅没有受到类似院长胁迫时所说的任何惩罚，而且周围的人对她的态度发生了转变，变得低声下气，变得谦恭有礼。尊重，从来不是依靠低三下四来换取的。不该退让之时，必得寸步不让。

孤身海外，她是异乡异客。天下之大，唯有自己。任何时候，一个人缺失的安全感，都不能指望旁人给予、施舍。安全感，从来不是依靠放低自己来置换的。谦恭、和善只对知礼之人，隐忍、退让必在分寸之内。世间女子，理应如她，活得既要优雅，又有底气。

做一个愿意为自己奋不顾身的人。

叁

爱到风烟幻灭时

11 | 石火

1967 年，她在西班牙。

1967 年，她遇见了他。

谁能知道，遇到那个人的时候，那个人对不对，那个时间又是不是刚刚好。在马德里大学文哲学院读书，日子也算丰实。除了人际交往先礼后兵的那些事，三毛在学业上也颇有长进。除了研读中世纪神学家圣·多玛斯的著作，也念现代诗、艺术史、西班牙文学和人文地理。

第二年，她独自去旅行。当时，因学生运动学校停课，三毛自助旅行八日。去了巴黎、慕尼黑、罗马、阿姆斯特丹等很多地方。三毛没有向家里要旅费，只是说“很简单，吃白面包，喝自来水，够活”。也是在西班牙的日子里，三毛开始抽烟。

是年深秋，他出现了。

那一年，他 17 岁，她 24 岁。是在平安夜，她遇见了他。那日，三毛在西班牙的中国朋友家里庆贺圣诞。他恰好也在。两个陌生人，本是遥遥对望。谁知，看着看着，一切不再一样。三毛想：这个男孩长得真是好看。他叫 Jose。他就是那个，我们称为“荷西”的男子。

荷西，是三毛为他取的中文名字。有眼缘，才有以后。当下，三毛不敢多想，只觉这个男孩实在英俊。以后，不知是有心还是无意，三毛时常去往那位中国朋友家中做客。荷西的住处离得不远。一来二去，两人也常常见面。会一起打棒球，一起打雪仗，一起去逛旧货市场。

那时，荷西读高三，三毛读大三。因时常在一起，西班牙的同学每每见到荷西来找三毛，总是欢喜地叫她，说她的表弟来找她了。“表弟”一词在西班牙语中有嘲讽的意味，三毛知道，这是同学在拿荷西跟自己开玩笑。虽是玩笑，但她受用。

彼时，在三毛眼中，荷西看上去盈满少年气。来找三毛，也总羞涩，甚至不敢私自进入会客室，总是站在书院外的一棵大树下等候三毛。那些片段在三毛的记忆中沉淀下来，是她一生一世难以忘却、不忍遗失的吉光片羽。小小少年的心，因为遇见三毛，所以慢慢盛开。

为了来看三毛，荷西日日逃课。三毛见状，开始为难。她会像长姐一样地质问他，又来找自己却不上课，是为什么。荷西便说，只想看看她。想看一个人，千山无阻，万水难挡。想看一个人，可以穿越宇宙尘寰，可以踏遍火海刀山。想看一个人，总会去看。

那日，他又匆匆从学校旷课赶来，三毛问："你来做什么？"他从口袋里掏出了 14 块西币（相当于当时的 7 块台币）来，然后说："我有 14 块钱，正好够买两个人的入场券，我们一起去看电影好吗？但是要走路去，因为已经没有车钱了。"

三毛也在《一个男孩子的爱情》中写过这些。一二十岁的爱情，有时纯粹到比海深，比云轻，比白色更白。世间人，谁不想能有一个人，倾尽所有，只为看你。谁不想有一个人，宁愿一无所有，只要你在身边。荷西的纯粹、真挚和情深，三毛不愿拒绝。荷西对三毛的喜欢，溢于言表。

那么，三毛喜欢荷西吗？当然喜欢，她只是不知如何表达。荷西那么漂亮，且那样年轻。他本可以好好读书，去和更年轻的女孩一起。是三毛觉得自己有些不大般配。瞻前顾后，从来不是三毛的行事风格。只因荷西，她变得犹豫、徘徊不前。她总希望他可以更好。他本可以更好。

那天，天已冻人。他们两人如乞丐一般，把横在街上的板凳，搬到地铁出风口，坐在路边。荷西说："再等我六年，让我四年念大学，两年服兵役，六年以后我们就可以结婚了，我一生的愿望就是有一个很小的公寓，里面有一个像你这样的太太，然后我去赚钱养活你，这是我一生最幸福的梦想。"

他想要的，是三毛。三毛想给的，是更好。因此，三毛咬了咬牙，说："荷西，你才 18 岁，我比你大很多，希望你不要再做这个梦了，从今天起，不要再来找我，如果你又站在那棵树下的话，我也不会再出来了，因为六年的时间实在太长了，我不知道我会去哪里，我也不会等你六年。"

荷西的原生家庭氛围冷漠，他从未得到温暖，因此，他想拥有一个属于自己的家，和三毛在一起的家。她像对待弟弟一般，语重心长地与他讲话。她总是想，没有自己，荷西一定会过得更好。她甚至对他说：“你要听我的话，不可以来缠我，你来缠的话，我是会怕的。”

荷西怕了。他生怕自己做错了什么，惹得三毛烦腻。然而，事实根本不是如此。是三毛更怕，她怕自己会占据他一生更好的可能性。她说：“你没有做错什么，我跟你讲这些话，是因为你实在太好了，我不愿意再跟你交往下去。”说完，她便送他走。她说：“我站在这里看你走，这是最后一次看你，你永远不要再回来了。”

荷西不愿，他说：“我站这里看你走好了。”三毛开始焦虑，她怕自己就要松口，连忙胡说一通：“不！不！不！我站在这里看你走，而且你要听我的话哟，永远不可以再回来了。”又说，“你也不要来缠我，从现在开始，我要跟我班上的男同学出去，不能再跟你出去了。”

那时，他们一起走到马德里皇宫的一个公园。公园里有个小坡。她就站在那里，要他走。就差一点，她便无法再坚持。她愿意为荷西当一次“薄情”的女子。她怎么舍得，可是不能不做。她拒绝了那个，总是站在树下手捏一顶法国帽而不戴上去的英俊的西班牙少年——荷西。

荷西痛了。痛到只能答应三毛。他说：“好吧！我不会再来缠你，你也不要把我当作一个小孩子，因为我们这几个星期来的交往，你始终把我当作一个孩子，你说‘你不要再来缠我了’，我心里也想过，除非你自己愿意，我永远不会来缠你。”三毛更痛。她生生将一个爱她至深的少年，推到最远处。

说完，天已很晚。荷西开始慢慢地跑起来，一面跑一面回头，一面回头，脸上还挂着笑，口中喊着：“Echo再见！Echo再见！”那日，三毛就站在那里看他，看着看着，天便开始落雪。是为她和他惋惜长叹吗？三毛不知道，她只记得自己就站在那里，看着荷西消失在黑夜与白雪之中。

就差一点，她想大喊一声：“荷西！你回来吧！”然而，她没有。一直都没有。荷西听话，记住了三毛的一字一句。他离开了，他消失了。他再没有来找过三毛，他再没有出现在那棵他等待过她的树下。他走得彻彻底底，仿佛从未来过。有时，一错身，便错一生。三毛常想，或许，她和他的此生也就这样了。

他们一别，便是六年。

12 | 弦歌

马德里。

一座风情万种的城市。有手风琴，有斗牛士。有位列欧洲三大殿的马德里皇宫，有烟火闹热的太阳门广场。有手捧鲜花穿梭于人群的少年。有毕加索、达利和普拉多画宫。有塞万提斯·萨维德拉和《堂吉诃德》。还有，来自中国的女作家三毛。

无论三毛怎样回避，荷西都将三毛的心门打开了。也是荷西的缘故，三毛逼迫自己重新开始。她就像无数遍体鳞伤的男男女女一样，迫切地用新的恋情向过往告别，更是为了让荷西真的死心，给他远走高飞的理由。有荷西在前，她不敢回首。三毛开始与其他异性交往。

她遇到过一个日本男子。他家境好，也浪漫，追求三毛的时候总是用最昂贵的礼物。平日的小礼物倒还好，遇到贵重的，三毛便总不肯收。三毛觉得，正派的女孩不能随意收下别人赠予的贵重礼品。她怕心中有愧，怕自己心中没有一份深厚的感情可以匹配旁人在自己身上投付的“昂贵”。

日本男子对三毛钟情难改。他甚至买了一辆车当作礼物，想要和三毛订婚，娶她为妻。三毛紧张，害怕到落泪。其实，他很体贴，他看得出来三毛不愿意。因此，便说：“不嫁没关系，我可以等，吓到你了，对不起。”他温柔大方，也谦逊有礼，对三毛来讲，本是良人。可是，她做不到。她不能嫁给他。

约会与婚配，从来不可同日而语。所有的好与不好，都敌不过爱和不爱。爱一个人，哪怕他与你千般不合、万般不配，也是值得的。不爱一个人，哪怕他为你上刀山下火海、掏心掏肺，也是不能。他算是对的人，只是相遇的时间不对。他来得晚了些，实在是晚了些。或许，晚不晚都没关系，只在她的一颗心不肯给。

一世浮生，总有辜负。

求婚的事令三毛措手不及。三毛给不了他想要的承诺，就像当年梁光明给不了她一样。如今，也是因缘循环，轮到她负了别人。就好像，世上错的人那么多，也一定有一个是对的。遇到，遇不到，都不重要。重要的是，相信天方地圆，如果那个对的人没有来，那么一定在来的路上。

与日本男子交往大约半年之后，三毛选择逃开，以孤绝的姿态。她，是骑虎难下，是进退两难，是无可选择。就像 16 岁那年，曾有个在香港读书的大学生每周都会写信给她。用淡蓝色印着暗花的信纸。他家住在三毛家的附近，每年寒、暑假回来太晚，总在三毛家的巷子处徘徊。三毛也未去理会。

感情，这回事必得是你情我愿，不可半分勉强。为了避开日本男子，三毛在不久之后收下了一名德国同学送给自己的花。得知三毛彻底离自己而去之后，日本男子伤心欲绝，日日守在三毛宿舍门外的大树下。他不知道，曾有个叫“荷西”的人也是如此。他令三毛再次想到荷西，三毛只能走得更远。

遇到错的人，爱是一场水月镜花。有的人不在乎，做一世幻梦也是甘愿。有的人在乎，打捞一生未果也不离开。她不是不知道日本男子的好，只是没有办法。她不能见他，不愿见他，不敢见他。他立在树下的样子，像极了荷西，是那样孤独。

而她，又何尝不是呢?

这段感情注定散场。

梦还没有完，大寒尚有蝉。
夜来冒风雪，叫唤着雨点。
梦还没有完，断垣望归燕。
有人情痴得，不怕天地变。

光阴柔艳，她却没有时间顾影自怜。西班牙的课程结束之后，三毛在肖邦和乔治·桑住过的一个岛上做了三个月的导游，赚了旅费，去了德国——西柏林。旅途，仿佛永无止境。她以一颗炽热的心，去谋得更加丰盛的人生。她是手把海棠的女子，袖里藏着文章和春光，目下是无垠旷野。

那是1969年。

在西柏林，三毛一心钻研学业，过得并不明亮。也是无法，她要给父母一个交代。三毛是以马德里大学文哲学院的结业证书申请进入西柏林自由大学哲学系就读的。三毛各项条件皆具备，唯独德语一门未曾学习，不能过关，在校方建议下，三毛进入歌德学院进修。

三毛是个要强的女子，凡事不肯屈居第二。在学业上，这种好胜之心，无形当中给她增添了不少压力。苦习德语的那段时间，她的生活单调、枯燥，并不快乐。当时，三毛已经有一个叫约根的德国男友。他亦是一个自律刻苦的人，两人的日常竟只有一同做伴学习这件事。

三毛说：“约会也是念书，不许讲一句闲话，更不可以笑的。”然而，世事磋磨，并非所有的付出都有回报，并非所有的勤苦都有结果。三毛接连遭遇考试失利的挫败。约根又一心想要进外交部，他对三毛学业的要求更是严苛。在这样苍白的时年里，她度过了最好的年岁。

是年年末，三毛处于崩溃状态。三毛说：“那天，12 月 2 日，终于大哭特哭了一场。不过才是一个大孩子，担负的压力和孤寂都已是那个年龄的极限。坐得太久，那以后一生苦痛我的坐骨神经痛也是当时死钉在桌前弄出来的。而自己为什么苦读——虽然语文是我心挚爱的东西，仍然没有答案。”

风吹云动的世界，星月俱灭。

独独只有那个人，成为她旅德生涯里最好的光照。是旧粉色的记忆里沉淀下来可供一生缅怀追念的温柔。是在她要去往东柏林的时候遇到的，一名德国军官。世间情爱，莫不须有。以一回眸，以一凝注，以一擦肩之心跳，而扑火。大千世界，与君相遇，已是荣幸。

是年，冬日，三毛与一名同学相约去往东柏林。那个年代，一堵柏林墙隔断出了水火难解的两个世界。三毛差点因为护照问题没有通关。是他让她绝处逢生。他在暗处看到她，追随她，守护她，帮助他。他说："来！我带你，这边上车，坐到第五站，进入地下，再出来，你就回西柏林了。"

他拉住三毛的手臂，扶住她，上了车。在车上，她看到路边的军人都在向他们敬礼。三毛不知道他的军衔，只知他威严慑众。只是那时光好短暂，仿佛是不曾有过的，幻觉一般。令三毛沉坠。《倾城》原本即她为他所写。他送她过关卡，但回西柏林的关卡却在另外的方向。彼时，三毛想，大约是不能再与他相见了。

通关来到车站的时候，不知道是几点。夜色已深，天又冻人。只有他不离不弃。车站的风一阵一阵地吹过，“吹成一种调子，夹着一去不复返的车声”。直到最后一班车来，他推了推她，说：“最后一班，你上！”三毛突然哽咽，从未有过的安全感让三毛情不自禁地说了一句：“你跟我走。”

可是，怎么可能呢？

他是军人，是军官。他有父母，他有士兵。他的肩上有三毛从未承受过的重担。他当然没有跟三毛走。三毛鬼迷心窍一般，连怎么上的车也记不得。她只记得，那夜的风，噬人一般地狂急。一夜所历，如幻如梦。他成了三毛心中“一种不能解、不能说、不知前生是什么关系的一个谜和痛”。

离开的时候，三毛心中的“疼和空”是真的，就像“一把弯刀，一直割、一直割个不停”。三毛觉得，哪怕能留住他一天，也是好的。然而，不能。回到西柏林，三毛病了。住院多日，病房极冷。冷到三毛只能抱住自己，将头抵在窗口，怔怔地望着。她在看什么？她也不知道。

同房的一位老太太，想逗三毛说话，走上来，指着窗外对她说：“你看，那边再过去，红砖公寓的再过去，就是围墙，东柏林，在墙的后面。你去过那个城吗？”她去过那个城吗？是，她去过。她不只去过，她还把心中最艳的那枝花，留在了那里。就是博尔赫斯写过的那一朵《玫瑰》。

在我歌唱之外的，不谢的玫瑰
那盛开的，芬芳的
深夜里黑暗花园的玫瑰，
每一夜，每一座花园里的，
通过炼金术从细小的
灰烬里再生的玫瑰，
波斯人和亚里士多德的玫瑰，
那永远独一无二的，
永远是玫瑰中的玫瑰
年轻的柏拉图式花朵
在我歌唱以外的，炽热而盲目的玫瑰，
那不可企及的玫瑰。

最好的爱情，如月入水，如鹿慕溪。

有的是，一生一世。
有的是，一瞬一刹。

13 | 河童

在德国。

三毛生活窘迫，除了学习，还要打工。她在西班牙当过导游，在德国又当过香水模特。日子过得黯淡艰辛。三毛说，情愿没有拿到什么证书，情愿说不好德文，而了解他们的衣食住行。回到德国男友约根的身边之后，一切都不再一样。有的人，注定只能伴你一程。时间到了，也就散了。

随着三毛赴美计划的实施，她与约根的恋情接近尾声。去机场的时候，约根送的三毛。在机场，约根曾请求三毛予他一个承诺。约根说："等我做了领事，嫁给我好不好？我可以等。"三毛一言不发，沉默离开。他一直在等，等了 22 年。当上大使之后，依然在等。她又一次负了别人。

在美国。

三毛得到一个在美国伊利诺伊州立大学主修陶瓷的机会。三毛有两个堂兄在美国工作。抵达美国之前，他们建议三毛留在德国。他们告诉三毛，在美国若无一技之长，势必很难生活。三毛虽然心中惶恐，但是一如既往，她总要迎难而上。她想要去的地方，非去不可。哪怕头破血流。

三毛是生存能力极强的人。在美国也不例外。一个月内，三毛便谋得了一个工作职位。是在伊利诺伊州立大学法律系的图书馆负责图书分类，打工赚钱。当时，三毛的堂兄恰好有好友在伊利诺伊州立大学的一家研究所攻读化学博士，也算是三毛的学长。因此，三毛的堂兄便拜托好友照顾自己的堂妹。

受人之托，忠人之事。

学长对三毛的照顾无微不至。她就是这样一个女子，内心强大，外表安静。安静到总有人愿意照顾她。每日午时，学长必定准时送来午饭，是用纸口袋整齐装好的。里面放有一块丰富的三明治、一个白水煮蛋、一枚水果。原本简单美好，无奈人心奇巧。一日一日过去，学长对三毛暗生情愫。

某天，学长突然说：“现在我照顾你，等哪一天你肯开始下厨煮饭给我和我们的孩子吃呢？”可是，三毛从来不是居家洒扫、相夫教子的寻常妇人。她的一颗心，在天在地，在山川湖海。或许，这也是三毛一再与旁人眼中的诸多良人擦肩而过的原因。她想要的是，与其娶她回家，不如相伴天涯。

爱与不爱这回事，原本即命定的。一眼看过去，心便知晓，目下那人，是不是此生静静等待的，是不是可与之携手共度到白首的。哪怕堂兄也在一旁撮合，三毛也不为所动。学长于她而言，一如昔年遇到的他们，爱她，却不懂她。或许，荷西不同，可她难以启齿。

她从不是得了便宜卖乖的人。

她不是没有妥协过。只是，妥协之艰难，胜过筋骨之劳、体肤之饿。而她，生性敏感，对爱执着，一心向往自由。不为难别人，便辛苦自己。她想要的是，有一个人，愿意拉住她的手，带她走遍万水千山。她想要的是，有一个人，爱她，懂她，给她自由。事到如今，她只觉疲倦。

想要回家。

我在陌生人中孤独地旅行，
越过海洋在异乡飘零，
英格兰啊！那时候我才知道，
我对你怀着多深的感情。

终于过去了，那阴郁的梦境，
我再也不愿离你远行，
我只觉得随着时光流逝，
我爱你爱得越发深沉。

当我在你的山谷中徜徉，
曾感到内心憧憬的欢欣，
我钟爱的姑娘坐在炉边，
手摇纺车传来车声辚辚。

朝来暮去，霞光明灭，
曾照亮露西嬉游的园庭，
你绿色的田野曾最后一次，

抚慰过她临终的眼睛。

华兹华斯，《我在陌生人中孤独地旅行》。诗是他对英格兰的乡愁。三毛的乡愁在遥远的台北。在仿佛无尽又无尽的漫长黑夜里独自穿行的时候，她也会不时想起，那遥远又遥远的中国岛屿上住着的她最亲爱的父母和家人。而今，她孤身在异乡，学习，打工，流浪。

乡愁之浓重深阔，常人不能懂。是有多久了。她离开台北只身漂泊，流浪异乡，以寂寞为食，在困境里奔走。已经这么多年。该回家了。忽然，她有些怀念，曾经那个没有情来情往之搅扰，只在书房里与书做伴、与世无争的纯真少女。她，还好吗？

离开美国的时候，是学长送三毛去的机场。三毛需要从芝加哥飞往纽约，转机回台北。行前，学长说："我们结婚好吗？你回去，我等放假就回台湾。"每一个爱她的人，都如出一辙，令她困闷。三毛哑言。她只是伸手理了理他的大衣领子，再未说话。

她与他、他们，只能这样了。

1970年，三毛27岁，回到台湾。

抵达台北的那夜，她推着行李车，远远看到来接的母亲。她仍像孩子一般，欢欣环住喜极而泣的母亲。母亲有些老了，可是笑声明媚，一如从前，就像这夜落下的雨一般，清脆悦耳。她在风中大声喊着陪母亲一起来接自己弟弟的名字。行李箱中的旧衣服来去辗转，如今终于回到了离开的地方。

一切如旧，只有三毛变了。她变得安稳、明亮，她变得坚韧、刚强。她写过这样一篇文章，叫《说给自己听》。那是她游学归来送给自己的心意。既是一种感动，也是一种安然。既是物是人非，也是焕然一新。时隔多年，她回到台北，仿佛是初相遇，又实在是久别重逢。

回到台北的三毛，任职于文华学院、政工干校、家专，在阳明山上教书，教授德语。彼时的三毛，已是旁人眼中深邃如谜的作家。那个时期三毛自比为日本作家芥川龙之介的小说《河童》里的主人公，河童读作KaPa，她还要学生们叫她“卡帕”。

卡帕，卡帕。

14 | 情冢

在台北。

她常去的那家咖啡店还在。

20 世纪 70 年代，明星咖啡屋盛名在外。它一如而今的诚品书店，是当时台北的文化地标，是文人墨客时常聚集的地方。她还记得，那年，她与那个叫梁光明的男子，也常常来到这里。坐一坐，喝杯咖啡，聊天看风景。彼时，人生像幻觉。美得令人难以置信。

明星咖啡屋是台北最有历史的咖啡馆。1917 年，俄国境内发生大革命，几个俄国人一路流亡，抵达中国上海。在上海，他们合资开过面包厂。后来，国共内战结束之后，他们又一路流亡，来到台北。开了这家明星咖啡屋。白先勇曾专门为它撰文。

明星咖啡屋，在武昌街，靠近重庆南路，门口骑楼下有一个书摊，书摊特别，不卖通俗杂志，不卖武侠小说，卖诗集诗刊，也卖《现代文学》。咖啡屋有两层楼，古欧洲装饰。最讲究的是蛋糕。奶油新鲜，又不甜腻，清新可口。白先勇说，“颇有从前上海霞飞路上白俄西点店的风味”。

而今，她又回到这里。

物是人非，她也不觉得伤感。只是叹息。人生之变故，来得这样迅猛和仓促。重返台湾任教之后，三毛习惯每日来此小坐。那一日，她遇见了一个人。好像在哪儿见过，但又十分陌生。他一言不发，如同磐石，也无动作。只是闭目。长发，清瘦。看上去，真寂寞。

他看到了三毛。一头长发，波希米亚长裙，五官立体深邃。即便三毛不是寻常意义上的美人，可是只要她站在人群里，总能一眼看到她。三毛的异性缘向来很好。她就是大多数男人喜欢的那一种女子。她能浑身散发出一种不一样的荷尔蒙，自由的、不羁的、狂放的、如谜的。令人上瘾。

他主动与她说话。他是一个画家。他让三毛想起恩师顾福生和自己少女时代痴迷的毕加索。往事历历，令人慨叹。也无须惋惜，也无须伤怀，岁月始终向前，流年素来如水，有一段相识相知的旅程，已是不易。记忆之所以鲜活，正因平生所遇之人的存在。

能够相遇，人生已然不负。

那日，他穿的 T 恤令三毛印象深刻。胸前是一片凝重错乱的色彩，犹如一幅印象派的画。艺术的共鸣，令三毛愿意与他聊得更多一些。二人聊天，古今中外，无所不谈。从文学到美术，从音乐到哲学。回台以后，诸事忙碌。偶得清闲，能在咖啡馆遇到一个彼此懂得的人，算是幸运。

后来，三毛应邀去了他的画室。他的每一幅画都令三毛惊艳，就好像当年初入顾福生的画室一般。她从来都是一个愿意欣赏别人才华的女子。梁光明的文学才华，是她初恋的根基所在。今日，遇到的画家也是。即便他的作品不能达到惊世的程度，三毛依然愿意把他当成一名真正的艺术家。

他像三毛遇到过的每一个恋人一样，时间久了，便想结婚。仿佛，三毛天性当中就有让人想要娶她为妻的特质。然而，三毛不是。她一生不羁，爱自由，不是轻易可以走入家庭框束一生的女子。可是，这一次当他向三毛求婚的时候，三毛犹豫了。她不再像从前那样斩钉截铁。

或许，是身在台北的缘故。浪迹天涯那么多年，她有些累，有些倦，开始变得更加柔软。这是唯一一次三毛松口，愿意应承下来的婚事。谈不上深思熟虑，只是有那么一瞬间的松懈，她愿意有人闯入自己的人生。令人惊讶的是，父母得知之后，竟然全力反对。

三毛不明所以。陈家父母，历世一生，所见所遇远远超过三毛。他们看人，总能一针见血，看到三毛发觉不到的人性层级。因为不能确证，他们只能反对。果不其然，就在即将举行婚礼之时，三毛才发现他早有家室。这么多年，仅有的一次结婚冲动也烟消云散。

三毛成了一个笑话。

人之可惧处便是心之叵测。此人的用心，三毛无法理解。

她只觉得自己愚蠢，每每想到只剩难堪。三毛向来是一个磊落大方之人，从不避讳自己的情感经历，从不在意别人的评判论断。唯有这件事，三毛绝口不提，不愿回忆，不愿想起。别人负过三毛，三毛负过别人。因果循环，从来寻常。

三毛曾在《哭泣的骆驼》中写道："漂流过的人，在行为上应该有些长进，没想到又遇感情重创，一次是阴沟里翻船，败得又要寻死。那几个月的日子，不是父母强拉着，总是不会回头了，现在回想起来，塞翁失马，焉知非福？没有遗恨，只幸当时还是父母张开手臂，替我挡住狂风暴雨。"

写的大约就是此事。

有时，三毛过于执着，不是能轻易放下走过的人。《心经》云："无挂碍故，无有恐怖，远离颠倒梦想。一切随缘，一生随缘，方得自在。"天地沙鸥，人如芥子。背上禅的行囊，在人世逡巡一回，也就罢了。但三毛不，她始终都在竭尽全力地活。爱，令三毛活得十分沉重。

三毛的父亲热爱运动，在三毛心绪不佳的时候，总会鼓励三毛运动。譬如，打网球。父亲还专门为三毛定做了球衣，买了一辆自行车供三毛往返。在网球场上，父亲认识了这名45

岁的德国中年男子。他是一名教师。因为父亲，德国男子与三毛相识。

他身材高大，为人儒雅，心思细腻，谦逊有礼。与三毛往来，除了切磋球艺之外，也会帮助她解决一些德语教学过程中遇到的问题。他是三毛所遇男子当中，最温顺之人。与他相处，三毛从无压力。他一言一行，都在乎三毛的感受。也是父亲的缘故，三毛对他信任。

一年之后，德国教师向三毛求婚。三毛说，好。她第二次尝试走入婚姻。情之来往，不讲道法。如能水到渠成，总是好事。游学在外，每一个向三毛求婚的男人，都没有成功。回国在家，每一个想娶她为妻之人，都得到回应。是三毛年岁渐长的缘故，还是因她的一颗心，越发孤伶？

可是，灾劫在前，她尚不知。

正法眼，
绝尘沙。
二三四七，
水月空花。

15 | 电光

婚礼是什么?

是人间剧场，只你我二人。

确定婚事之后，三毛和德国教师去台北重庆南路的一家印刷店印类似婚柬的名片。从字体，到版式，到名片的质地，二人用尽心思。印刷店说周期大约半个月，半个月后务必准时来取。当时，三毛仍是满心欢喜。每个人的一生总该有一次终生难忘的婚礼才好。

就在当晚，始料未及的变故发生了。命运之多舛难测，实在令人疲倦难行。是突如其来的当头一棒，避之不及。是夜，德国男子突发心脏病猝死。像戏剧一般，命运给三毛开了一个巨大的玩笑。你来我往，你走我留。理想丰满，现实残忍。一夜之间，婚姻变成了葬礼。

还未开始，便已结束。

人生在世，乱花飘零，野草枯槁。有时，你不得不信，人各有命。巨变之痛，难以想象。未婚夫入棺之时，钉棺之声，声声刺耳，令三毛当场崩溃，尖叫狂哭之中，被父亲紧紧抱住。刹那，全世界都变得寂静，她只听到父亲一直在耳边说："不要怕，还有爹爹在，孩子，还有爹爹姆妈在啊！"

经此人生巨变之痛，三毛一蹶不振。德国教师去世不久，三毛抑郁成疾，曾在家中吞食药剂自杀未遂，被人发现。深情即一桩悲剧，必须以死来句读。听着浪漫，细细考究，实在消极。往后余生，她该如何自处、挨度？她不知道。那盒他们定做的名片，从不曾去拿。

没有深夜痛哭，不足以语人生。一日一日过去，三毛在黑暗中寻找力量。她开始反思自己的人生。只身在外时，从未考虑婚姻，不觉遗憾。回台在家后，两次差点结婚，次次不成。

她的人生经历，如台风般跌宕，海啸样起伏。不过，她明白，所谓的“生活”，就是要在看清残酷真相之后依然能够热爱。

三毛一生真实，解剖自己，从不矫饰。在这以前，三毛所历之男子，谈得上爱过的，只有两个。一个是初恋梁光明，另一个是死去的未婚夫。是有过一次惊奇艳遇，在德国柏林墙所遇的军官。他给过三毛一夜心动。只是，有一种心动，无论如何渲染，终究短暂，终究要被淡忘。

思君令人老，岁月忽已晚。

初恋，是少女幻梦。爱很真实，情也生动，然经不起推敲。至于第二个爱过的人，三毛曾在访谈中直言不讳，说：“第二个因为他的死亡，他今天的价值就被我提升了。也许他并没有我认为的那么好，因为他死在我的怀里，使我有一种永远的印象。而他的死造成了永恒，所以这个是心理上的错觉。”

有时，三毛说话真实得令人胆战心惊。对待自己，也绝不手软。撕掉伪装，抹去渲染，把每一段感情都分析得透彻清晰。爱就是爱，不爱便是不爱。同样是爱，也有深浅之差、因果之别。无论曾经如何肝肠寸断、无论曾经如何歇斯底里，总有清醒时分。清醒的三毛，最有力。

佛说：“人生在世如身处荆棘之中，心不定，人不妄动，不动则不伤；如心动则人妄动，伤其身痛其骨，于是体会到世间诸般痛苦。”爱别离，求不得。一草一木皆有情，一花一木总关禅。三毛人如其文，潇洒有力，朴素真实，只是少了几分静定和禅意。

时过境迁，哪怕清醒、哪怕淡忘，痛仍在。时隔六年，旧影重现。当年因爱离开的少女，今日依然重蹈覆辙。一颗千疮百孔的心，破碎如花。青山作幕，流水为台。昔日以为安稳静好的台北生活，已然支离破碎。她决定，背上行囊，涉水跋山，再一次离开。

世界那么大，她还是去了西班牙。

重返西班牙，是三毛此生最重要的决定。去西班牙的半年前，三毛收到了一封来自西班牙的信。信中附了一张照片，是荷西。他身着泳裤在海中抓鱼，身形较之从前，更加壮硕。荷西在信里说，当年那个 18 岁的少年，大雪之夜，被她弃了，伏枕痛哭一整夜，连死也是想过的。

如今，他许诺的六年期限到了。

当初我们分开的时候，
是在沉默与眼泪之中，
半点破碎的心，
割断了这漫漫多年。

你的脸颊苍白冰冷，
你的吻仿佛寒冰，
那一刻是真正的征兆，
映衬我今日的悲伤。

清早凝结着寒露，
碎落的寒气凝上我的额角，
那感觉就好像是，
对我的忠告。

……

如果我还能见到你，

时隔多年，
我将如何面对你，
以沉默，或者以眼泪。

荷西从来没有忘记她。那么，三毛怀念荷西吗？说一点没有，难以令人信服。说朝思暮想，自然也不真切。他是三毛心中的一张底牌，她曾亲手将它翻过去盖住。不可以轻易触碰，不可以随便挪动。她没有想过刻意重逢，没有想过再续情缘。因为她不敢，因为她惭愧。

1972 年，三毛 29 岁。

是年冬日，三毛重返西班牙马德里。抵达马德里后，三毛与三名西班牙女子合租一处房子。房屋宽敞明净。室友们洒脱开朗，会时常与三毛一起逛学生区、旧货市场，也会一起去酒吧，或是一起参加舞会。相处融洽。昔日老友得知三毛回来的消息，也纷纷来探。

三毛在马德里找了几份英语家教的工作，也开始给《实业世界》杂志撰稿。感情旧伤日渐平复，心中郁结日渐展舒。年近 30 岁的三毛，第一次在他乡异国拾获了片刻的静好时光。

人生如戏亦如梦。聚散合离，由不得人。小半生已过，爱恨成痴，都已历过。带着重生的决心，她提灯回到这里。

有一些人，分开之后永不再见。

有一些人，告别半生也要重逢。

肆

爱到年华散尽时。

16 | 荷西

流年依然无恙。

岁月寂静如初。

她终究还是遇见了，荷西。

那日，三毛去义父徐訏家中拜访，遇见一名西班牙少女。起先，三毛并未识出女子是何人。直到少女大喊三毛的英文名字：Echo，Echo。三毛定睛一看，方才认出少女正是荷西的妹妹伊斯蒂。六年未见，伊斯蒂不再是昔年那个稚嫩女童，俨然长成了亭亭玉立的美人。

伊斯蒂见到三毛，便拉住她说哥哥的事情。伊斯蒂说，哥哥正在南方服兵役，还有月余时间方能归家，回到马德里。伊斯蒂深谙荷西心意，见到三毛之后不时表达荷西对她的情意，这么多年过去，从未淡，从未减，从未少。也请求三毛，务必给荷西写去一封信，聊以慰藉。

匆匆当中，三毛只用英文写了短短一句：“荷西，我回来了！”没有一字煽情，没有一丝刻意。可是，寥寥几个字，对荷西而言，极具分量，分明就有中国古人所说的“家书抵万金”的意思。纵然这“家”尚未成就。不久，三毛便收到回信。

当时，三毛忘了荷西不懂英文，加上服兵役时期时间紧迫，只见荷西的回信上贴满了他从画报上剪下的潜水者漫画，还幽默地标注上潜水者便是自己。荷西又急于让三毛知道自己的归程，还从伊斯蒂处要来三毛的电话，想从南方打来长途电话亲自告诉三毛自己何时归家。

不料，三毛与友人出游，直至夜深才归。回家之后，室友便说有男子打来十余通电话找她。正说时，又接到另一女友电话，说有要紧事需三毛去她家中面谈。虽时间已晚，但听女友声音急迫，三毛便连忙打车去往女友住处。抵达之后，女友忽然说出让三毛闭眼一类的话。

当下，三毛猜测是女友之间无伤大雅的恶作剧，便也配合。三毛闭上双眼之后，女友说自己先要出去，把三毛独自留在了客厅。正愁思间，忽有一双手臂将三毛拥抱起。三毛睁眼定睛一看，竟是那隔了千山万水也要将她等到的——荷西。而今，他竟已长得这样高大。

六年，两千天，未曾相见。今时突如其来的会面，让三毛惊喜至沸腾。她兴奋得尖叫起来。荷西一把揽住三毛在客厅里转圈，三毛的曳地长裙应景地飘飞起来。三毛既不停尖叫捶打着荷西，又忍不住捧住他的脸亲吻。他们虽尚不是恋人关系，但故人的亲密犹在。

今次再见，他已不是昔日的青涩少年，她也不是那年的桀骜姑娘。分别的第六年，命运又将三毛带回荷西的身旁。荷西已变得高大，三毛亦变得柔软。三毛一辈子都忘不了，那天荷西穿的是一件枣红色套头毛衣。如今，他们重逢在彼此最好的时光。姻缘天定，便是如此。

只要见到彼此，曾经那些支离破碎的、伤心欲绝的、寒雪拂面的过往，仿佛从未发生。时光之迁变，匪夷所思。兜兜转转，仍要相见。都说光阴似箭，一去不回。然而，只要有心，且又幸运，有些人和有些爱，多年过去还会回来。

与荷西重逢之后，三毛应邀去了荷西的家。是那样一座温柔的老房子。他的房间也别致。只是，昏默日光下，显得好寂寥。荷西说，看那里。三毛顺着荷西手指的方向，一面斑驳老墙，覆满泛黄的老照片。照片里，都是她。全部是她。看到这一堵照片墙，三毛沉默了。

仿佛是那些老旧的黑白照片，支撑着荷西对三毛这么多年的爱。他与之相伴，寂寞地度过两千多个日夜。抬头所见的，是她。低头可见的，是她。方寸之内，除了他，便是她。还有，他独自挨度的那些寂寥、落寞、清淡的漫长岁月。而这一切，都是三毛对荷西的亏欠。

三毛不曾寄照片给他，便问照片的来处。荷西说，是在三毛友人处看到的。三毛常从台北寄照片给义父徐訏。荷西兄妹与徐訏熟识，每在徐家看到，总将照片窃来，拿去照相馆做底片放大后再归还。他是这样地良苦用心，想要留下一些与她有关的什么。

如今，荷西虽已长成一个磊落成熟的男子，但目光里的童真依然不改，犹胜当年。他凝视着三毛，如同凝视自己的一个梦想。既庄重虔诚，又热血沸腾。忽然，三毛觉得来来回回走过多年，深深浅浅爱过几回，都没有结果。或许，往日一切，都只是为了今次与他重逢。

三毛有幸，亲眼看到了爱的模样。

她明白，世间再没有比荷西更爱她的男子了。她决定，这次，她来追求他。三毛问："荷西，记得你六年前的话吗？你还想结婚吗？如果我告诉你，我要嫁给你，会太晚吗？"这话落在荷西耳中，似幻似真，令他不能自已。他泪流满面地说："不晚，不晚。一点都不晚。"

如果余生是你，晚一点没关系。

有趣的是，荷西热爱大海，三毛喜欢沙漠。虽然荷西是工程专业毕业，但是对海之迷恋超越所有。就连服兵役期间，也会常常潜水。与三毛在一起的时候，他总有关于大海聊不完的话题。海之苍茫、深邃与壮阔，令荷西痴迷，就像他痴迷三毛一般，宿命似的钟情一生。

三毛，一个自由住进灵魂的女子。只有荷西，懂她的期待。家，从来不是一个大房子，不是落地窗和沙发。爱的人在哪里，哪里便是家。只要在一起，天高地阔，寰宇四海都是家。荷西对三毛说，服完兵役最想做的事是，来年夏天和朋友自驾帆船航海旅行，一直漂流到爱琴海去潜水。

没有什么比旅行更令三毛着迷的。三毛觉得荷西的想法很好。她想着，自己一同前去，还可以当水手们的厨娘。只是，较之于爱琴海，她内心另有执迷。是一次在美国的《国家地理》杂志上看到一张日照大漠的照片之后，她便心有执念。是，她想去撒哈拉沙漠，一定要去。

虽然在西方国家游学多年，她已见过高度文明的社会，但是从没有一个地方，可以令她停下脚步。直到在《国家地理》杂志上看到撒哈拉沙漠。只看了一眼，她便沉迷。有一些地方，毕生不曾了解，只初见，便钟情。就像爱情。谈不上逻辑，也遑论理性，爱与不爱，心最了解。

世界上有那么多神秘之地。中国的西藏、俄罗斯的贝加尔湖，还有北非的撒哈拉。你看到，便明白，你对有些地方的执迷就像前世的乡愁、今生的宿命。撒哈拉沙漠，900 多万平方千米，茫茫无边，就像藏在人间里的另一个人间。极度寂静中，只有风声、沙尘和寥落的生命。

三毛曾试探过荷西的意思，荷西没有明确的回复。海与沙漠，是尘世间的两种既相似又截然不同的极端风景。相似的是一望无际的辽阔和自由，不同的是鱼与骆驼的欢喜和哀伤。荷西想去看海，那便去吧。三毛再未提过沙漠的事情。然而，新年之后，荷西突然失踪，遍寻不见踪影。

三毛不解。内心踌躇忧虑之时，她便收到了一封荷西寄自沙漠的信。荷西说，这段时间他忙着向位于撒哈拉的一家磷矿公司申请职位。等有了工作，三毛来到沙漠，自己才能好好照顾她。三毛对荷西讲过的一字一句，他都在记在心上。爱一个人，便令她快乐。三毛十分感动。

可是，她并不希望荷西因为自己去沙漠受苦。他们都迫切地想要给予对方什么。一个是愿意委屈自己，另一个是愿意奉献一生。荷西说："我想得很清楚，要留住你在身边，只有跟你结婚，要不然，我的心永远不能减去这份痛楚的感觉。我们夏天在沙漠结婚好吗？我在沙漠等着你。"

在《回声－三毛作品第15号》里，有一首歌叫《沙漠》。当中，三毛念了这样的独白："后来，我有一度变成了，一个不相信爱情的女人。于是我走了。走到沙漠里头去，也不是去找爱情，我想大概是去，寻找一种前世的乡愁吧。"她想要的，就是一份真挚自由、浪迹天涯的爱情。

那首《沙漠》，潘越云唱得悲伤又苍茫。

前世的乡愁，
铺展在眼前。
啊……
一匹黄沙，
万丈的布。

当我，当我，
被这天地玄黄，
牢牢捆住，
漂流的心，
在这里，
慢慢慢慢，
一同落尘。

17 | 沙棘

撒哈拉沙漠。

它位于非洲北部，形成于约 250 万年前，是世界最大的沙质荒漠，900 多万平方千米。因为气候条件极端恶劣，所以它成了地球上最不适合生物生存的地区之一。这片大漠，人烟稀少，只有数万人居住。又终年乏雨，是真正的草木枯疏、黄沙弥漫之地，景色苍荒。

正是因为这份与世隔绝的苍凉，三毛对它有一种无法卸放的痴往。当得知荷西找到工作，自己可以去沙漠与他相聚之时，三毛的撒哈拉之旅，终于变成现实。她与沙漠的相遇，像隔世的情人，无须寒暄，只点点头就好。第一次，她想为一个地方停留、安居，享受庸常生涯之外的另一种人生。

抵达阿雍机场（今阿尤恩哈桑国际机场）那日，三毛激动不已。沙漠之美，令她深觉不负此生。天之高阔与地之雄壮，迎面而来。大漠黄沙，狂风啸聚。黄昏日落染红沙漠，血一般的红。目极之处皆是一种苍凉的诗意，令人着迷。仿佛回归故里，乡愁得解。

阿雍，是西撒哈拉的首府。

不远处，是荷西在静静等她。他们已分别三月有余。见面时，荷西身着一件卡其色衬衫和一条脏牛仔裤。须发之上皆是黄沙，脸被晒得黑红，嘴唇干裂。荷西过去拥抱三毛。她感觉到荷西的臂膀比从前粗糙许多，心疼地看了荷西一眼。荷西说："你的沙漠，现在你在它怀抱里了。"

三毛点点头，哽咽了。行李不多也不少。一只大行李箱扛在荷西肩上。三毛手提一个枕头套，背上一个背包。与荷西并肩回走时，她突然意识到往后日子的艰辛严酷。刹那间，她明白即将面对的生活，不全然是理想中的浪漫模样。如何生存下去，才是她要解决的最重要的问题。

从机场到荷西已租住半个月的房子有段距离。因行李当中有书，所以十分沉重。二人走得缓慢。虽也试图拦车，但并无车辆停留。大约走了 40 分钟，三毛方才见到荒漠里的一线生机。转进一个斜坡，走上一条看见炊烟和人家的路。这就是阿雍城郊，他们的家就在前方。

慢慢地，三毛看见了人家。有一些是搭的破旧帐篷，有一些是铁皮做的小屋。沙地里有几只单峰骆驼和成群的山羊。风带着女童的笑声传入耳中。当地人的身上，大部分是深蓝色的布料。她第一次看见一个如此热爱深蓝色的民族。周遭的一切，都与她所熟识的世界截然不同。

陌生的所有，令她恍惚，如梦如幻。撒哈拉，是一个荒僻也贫苦的地方。然而，当地土著居民不觉困苦，依然快乐。他们仿佛无欲无求，安稳静好地过着他们的一辈子。最好的生活，从来不是锦衣玉食，而是自由自在。能够自由自在生存的地方，对三毛来讲，便是归宿，也是家。

当二人步入一条长街，街旁开始出现空心砖构筑的平房。

寂寥又桀骜地散落在大漠斜阳之下。看过去孤单又壮美。走着走着，三毛注意到一幢长圆形拱门的小房。小小的，藏在路边一排房屋的最后。荷西直接告诉三毛，那是她的家，是她跟自己共同的家。

荷西径直走向小屋，将三毛的行李箱放在门口之后，他已被汗水浸得浑身湿透。他回身看了看三毛，笑了笑说："到了，这就是我们的家。"门被荷西打开之后，一条暗淡的走廊出现在三毛眼前。荷西转身抱起三毛，对她说："我们的第一个家，我抱你进去，从今以后你是我的太太了。"

这就是三毛跟荷西在撒哈拉的家。在这里，三毛与荷西共同度过了生命当中最艰辛诡谲也最温柔可爱的时光。相识这么多年，又离散那么多年，最终走到一起，实属不易。岁月凌厉也宽宏，能有一个人千回百转仍在身后，便是难得。最难得的是，只要你愿意，你一回头，就能看到。

他们的家有一大一小两间房。大房间临街，三毛步测大小约横四步、直五步。小房间只能放下一张床。厨房极小，有一两平方米。当中有一个脏污发黄的水槽和一个水泥砌成的简陋平台。家里没有抽水马桶，没有洗脸池。如此景况中，令三毛意外的是，有一个她喜欢的浴缸。

三毛爱极了那个浴缸。她说：“它完全是达达派的艺术品——不实际去用它，它就是雕塑。”厨房浴室外通往一个公用的天台。荷西竟然买了一只母羊，跟房东的羊群混在一起饲养。荷西顾虑还算周全，一只母羊至少保证了以后每日妻子都有鲜奶可饮。令三毛欣慰。

惊喜之余，家里需要打理之处实在太多。室内的水泥地高低起伏，很不平整。墙体是空心砖垒筑的，上半部分没有抹上石灰，砖块接缝处的干水泥凹凸不平，非常粗糙。灯泡极小，电线极脏，墙角有缝，凉风不时灌入。水龙头里只能流出几滴脏浊的绿色液体。水比油贵，需要向市政府申请送水。

在阿雍，沙哈拉威人住在镇上。所谓“镇上”即市政府，是撒哈拉沙漠的行政与城镇中心。银行、法院、邮局、商店，以及荷西就职公司的总办公室都在那里。也有酒店、电影院。总督的家也在这儿，归置华丽。还有一家四星级国家旅馆。这里是殖民白人的生活范围，有两三条街的大小。

三毛与荷西住在“镇外”郊区一带叫作“坟场区”的地方。

非常荒凉。抵达阿雍当日，两人便一起去镇上购置家当。三毛买了一台小冰箱、一个煤气炉和其他生活必需品。一路上，三毛都拎着自己从马德里带来的枕头，小心翼翼的样子。荷西不解，便问三毛是何缘故。

三毛说，枕头里藏有一大沓钞票。来沙漠之前，远在台北的父亲给过三毛一笔钱，以供在沙漠的不时之需。是故，荷西说："你来撒哈拉，只是一件表面倔强、内心浪漫的事，你很快就会厌烦它。你有那么多钱，你不会肯跟别人一样过日子。"他觉得三毛吃不了苦。

虽然荷西说的是气话，但是三毛仍然很是委屈。荷西自然懂她，不会因为一笔备用金，真的误以为三毛只是徒有心思追求沙漠浪漫，而不是能吃苦、过日子的女子。可是，三毛敏感。当下，三毛决定，要用实际行动改变荷西对自己的偏见，让荷西知道自己对他的决心和担当。

撒哈拉昼夜温差极大。是夜，他们在近乎零摄氏度的气温里，睡在水泥地上的帆布袋上。三毛蜷缩在睡袋里，荷西只裹了一条毯子。夜越深越冷，却不寂寥。三毛想，如此过完一生，也是很好。只要荷西在，她便不惧寒苦，不怕暑热，不为一切险困所阻。这是三毛在撒哈拉的第一日。

人生不过数十载，说漫长，也短暂。若得安稳，已是静好。最好的相依，该是一种平淡深远的结合。平淡的才真切。透支的爱，总是来去匆急。得一人心，白首不离。时间那么短，记忆那么长。途经的一山一水，路遇的一朝一夕，不求有人为你披荆斩棘，但求有人陪你颠沛流离。

18 | 花棒

你们说好的，要去沙漠结婚。

第二日，两人便要去结婚。原想着结婚不过一纸证书的事情，简单明了。去镇上的法院咨询申请时，方才知道手续之烦琐，因为三毛来自中国，所以她在异国他乡登记注册，远不似本地居民一般便捷。对他们而言，这一点小小阻困不足挂齿。他们是一起并肩走过黑暗的人。

在阿雍，外籍人士登记结婚需要许多地方外交部门的文件。三毛与荷西，要出具相关证明，而后才能在阿雍小镇登记。文件传递的时间大约要三个月。

故而，登记一事被迫延迟。只能一步一步，开始办理文件。荷西工作忙碌。他工作的磷矿工地，远在离家约 100 千米来回路程的地方。每日，荷西都是下班之后赶回家陪伴三毛，夜深之后再赶回工地宿舍。因此，白天的大部分时间，三毛都是独守家中。

虽然寂寞，但无办法。唯一的好处是，三毛可以利用白天的时间独自在沙漠旅行。她说："只有深入大漠，看日出日落时一群群飞奔野羚羊的美景时，我的心才忘记了现实生活的枯燥和艰苦。"对于在路上的人，只要看到想看的风景，每一段旅途劳顿，都是值得的。

结婚之前，荷西为了多挣钱，常加班，夜以继日地工作，致使夫妻二人总是无法见面。荷西在外，家中大小事务都是三毛亲力亲为，粗重的活儿也不例外。最累人的事情，是买水。三毛每每在买水返程的路上，提着沉重的水桶，都走得缓慢。令脊椎原本便不好的三毛十分痛苦。

沙漠高温天热，烈日灼人。三毛手提着水，每走几步，便会停下来，休息喘气。如是再三。等到家的时候，早已面红耳赤，汗流浃背，腿脚发软。最难忍的，还是负重之后造成的脊椎疼痛。每每进门，她都会立刻躺在凉席上，放松自己的脊椎。

当时，三毛家中用的是煤气。煤气用完，得先步行到镇上，叫上一辆计程车回家，再把空了的煤气罐拿去镇子上更换，十分劳顿。因此，有时候煤气用完，三毛会直接借用邻居的铁皮炭炉，自己燃炭扇火。煤炭燃烧之后散出的浓烟，总会将三毛呛到泪流不止。

他们的家里没有电视，没有收音机。即便有，也是无用。大半时间，家中无电。黄昏来时，她便燃起蜡烛，看它慢慢燃尽。吃饭只能席地而坐，睡觉的床垫也是直接放在地上。天气温差极大，导致家中四面的墙，中午烫手，夜晚冰凉。有时，三毛就坐在席子上，听窗外风声。

丰盛如诉，如诉往事一般。

想要写点什么，三毛也只能找一块木板垫在膝盖上勉强写作。日暮黄昏时分，三毛最是想念荷西。念而不得。每次荷西赶回家中之后，三毛总央求荷西不要离开。语气仿若失怙无依的女童。荷西看着心痛。然而，谋生在先，他想要给三毛更好的生活。

最好的婚姻生活，不是高嫁高娶，而是白手起家、同甘共苦。无奈一纸结婚证书，因文件烦琐受阻。因为没有门牌，所以为了婚姻登记文件的往来，三毛在邮局租下一个邮箱。每日要步行一小时到镇上的邮局查收邮件。为了结婚，她也常往返当地法院，工作人员对她都渐熟识。

那日，法院的秘书突然叫住三毛。三毛回头，听到秘书说："明天下午6点半，可以结婚。"令三毛终生无法忘却那一瞬间的内心如获至宝一般的狂喜。这个消息，令她在灰头土脸的沙漠生活里可以重新昂首扬眉，是对三毛昔年两次订婚挫败经历最有力的反衬。迷途颠沛，终究值得。

彼时，荷西所在公司的司机正开着吉普车经过法院，恰巧被三毛看见。三毛上前拦下车子，请司机帮她转告荷西第二天就可以结婚的事情。司机狐疑，竟有男人不知自己明天结婚。三毛说，不光如此，自己也是刚刚知道明天可以结婚的。一切，来得实在突然。

得知消息之后，荷西飞奔回家。他和三毛一起，兴高采烈地出门给家人发电报。事后，荷西还带三毛去镇上的电影院看了一场电影，是导演迈克尔·柯杨尼斯的黑白电影《希腊人左巴》。这部电影曾在 1964 年斩获三项奥斯卡金像奖，同名舞台剧至今仍是百老汇叫座的剧目之一。

次日，他们完婚。

结婚之时，他们一无所有。没有车，没有房，没有床架，没有衣柜，没有瓦斯，没有水电，吃穿用度都极尽简朴。三毛甚至没有一件新娘的嫁衣和一朵鲜花。荷西连结婚的假期都没有，还要照常上班。唯一用来庆祝的，便是三毛来回走了好几千米路，多买了几桶水，在浴缸里小心放着。

结婚仪式，被法院安排在下午 6 点。婚礼之前，三毛已经疲惫到在家中席子上睡着。黄昏时分，荷西在门外的敲门声如鼓一般响亮急促。三毛惊醒，连忙开门。看到荷西手里捧着一个纸盒。三毛以为是鲜花之类的新婚礼物，兴奋地一边叫着一边抢，叫喊着："是不是鲜花？"

当三毛打开纸盒一看，是一副完整的骆驼头骨。荷西也很难过，在这荒漠之中，他连一朵献给三毛的花也没有买到。三毛刹那醒悟，不禁为自己的期待感到羞愧。三毛体贴、聪慧。她知道对鲜花的期待令荷西自责，因此，她立刻发出比看到鲜花更灿烂的笑声，取悦荷西。

那副骆驼头骨，十分完整。三毛表现出来的欢天喜地的样子，也非全然刻意安抚荷西。这副头骨之美，和它的珍贵，三毛明白。荷西说，他费尽心力在沙漠中走了许久才得到这副骨骼。三毛听后，放下头骨，一把环住荷西的脖子，轻轻吻了上去。这不就是最好的结婚礼物吗？

她和他的，深情一吻。

那天，荷西穿了一件深蓝色衬衫，胡子也用心修剪过。三毛带着很多好看衣服，只是很少真的穿上。为了与荷西的穿着般配，她选了一件淡蓝色细麻布长衣，穿了一双凉鞋，又把平日束起的头发放下来，戴着一顶草编帽子。临行之前，三毛跑去厨房把一把香菜别在了帽子上。

一切都很朴素，一切都很称心。

去法院的路上，没有车，两人在漫漫黄沙中，步行 40 分钟。周遭寂寥，只有头顶一片无边的天。可是，三毛快乐。荷西说：“你也许是第一个走路结婚的新娘。”三毛回道：“我倒是想骑匹骆驼呼啸着奔到镇上去，你想那气势有多雄壮，可惜得很。”骑着骆驼去结婚，最适合三毛。

世间之极悦、最喜，就是能够：

牵手旅行，
共结连理。

19 | 红柳

有时，老去的人生最是美丽。站在岁月尽头，目下是海，是日暮，是人影浮动。要做的，只是回忆。看前尘过往里的那一些伤心欲绝、喜极而泣以及动魄惊心。只是可惜，亲爱的三毛，还没有来得及老成回忆，就已经沧桑得破碎支离。往日琐细，成为她日后唯一的心之皈依。

婚姻，是什么？

婚姻，是向阳山上的满坡葵花，是葵花深处的小小人家，是人家院落的白墙黑瓦。对三毛来说，婚姻是荷西在侧的每一个日常，是日出日落的每一寸黄沙，是大漠驼铃的每一次声响。只要荷西在，三毛便无畏无惧。什么素衣寒舍，什么祸乱磋磨，都不足挂齿。

结婚之后，家中依然简陋。还是只有一个书架、一张桌子。卧室里挂着长排衣架。厨房灶台下塞进油瓶糖罐。无甚家具，若有客人，只能坐在地席之上。连铁质的床架也无。只有彩色条纹的窗帘，有点生机。不过，三毛没有想到，一纸结婚证书，让夫妻二人在经济上有了很大的改善。

结婚之后，公司答应给荷西 2 万块的家具补助费，薪水加了 7000 多块，税减了，房租津贴给 6500 块一个月，还给了他们夫妻半个月的婚假。荷西的朋友主动为荷西代班，如此一来，他们便有了差不多整整一个月的婚假时间。故而，他们有了一个蜜月度假的计划。

蜜月旅行之前，他们请了当地的向导，租用了一辆吉普车。计划路线是：向西由马克贝斯进入阿尔及利亚，再开回西撒哈拉，经由斯马拉进入毛里塔尼亚直到新内加边境，行至沙漠地带下方的“维亚西纳略”，最后回到阿雍。路线合理有趣，三毛十分期待。

是在同甘共苦的人生体验中，是在牵手旅行的感情培养中，三毛对荷西的爱，一步一步深入，一点一点厚重。蜜月旅行回来之后，假期只剩一周。一周的时间里，他们利用荷西公司给予的有限费用，开始“疯狂地布置这间陋室”。三毛，总希望他们的家可以更好。

三毛做了一个沙发。她把空心砖铺在房间右边，再用棺材外板放在空心砖上面，买了两个厚海绵垫，一个靠墙竖放，一个平放板上，再将一块跟窗帘一样的彩色条纹布缝好，盖上。他们便有了一个自制的沙发。彩色沙发贴着白墙，错落有致，三毛看着分外喜欢。

三毛婚后，亲友纷纷寄来礼物。

母亲从台北给三毛寄来了细竹帘卷和棉纸灯罩。三毛用白布铺在桌上，再把细竹帘卷铺上。相映成趣。父亲寄来了怪趣的海报，姐姐寄来了衣服，弟弟寄来了一件日式和服模样的浴衣送给荷西。还有，好友寄来了包括皇冠丛书在内的不少中文书和陶土茶具。

母亲寄来的棉纸灯罩被三毛低低地挂着。墙上也贴上了林怀民那张写着“灵门舞集”黑底白字的中国书法。如此，这个家慢慢变得不似从前那样寒酸，开始一点一点靠近三毛心中的样子。然而，外物都不重要。重要的是，这是她和荷西的家。

可惜，蜜月之后，荷西恢复工作，一如往常的辛苦忙碌。对荷西的日渐迷恋和依赖，致使三毛在蜜月之后愈加孤单和苦闷。人生即如此。漫漫长路，途经之美与丑、善与恶、欢悦与寂寞，各自参半，内有定数。男女情爱蕴含之复杂更是如此。这个时期，三毛开始寄情于厨房。

她是有心，也是甘愿，为荷西变成一名家庭主妇。这是从前她绝不敢想的事情。她说：“做家庭主妇，第一便是下厨房。我一向对做家事十分痛恨，但对煮菜却是十分有兴趣，几只洋葱，几片肉，一炒变出一个菜来，我很欣赏这种艺术。”因为爱，曾经厌恶的事，也可以变得喜欢。

三毛早先下厨的经验都是做西餐西点。后来，母亲从台湾空运来一些中式家常菜的原料，譬如：粉丝、紫菜、冬菇、生力面、猪肉干之类的食物。又有女友从欧洲寄来酱油。如此一来，三毛便开始沉迷于自己的“中国饭店”，以慰寂寥。

虽然三毛并不深谙烹饪之道，但是荷西很迷恋，对三毛的厨艺赞不绝口。三毛也有意展示厨艺，荷西也愿意带同事和好友回家吃饭。甚至，连荷西的老板也慕名而来，想尝一尝来自中国的厨娘为他们制作的私房中餐。三毛的厨房，成了形似林徽因的“太太客厅”的社交沙龙之地。

为了她的厨房，三毛曾专门撰写长文《中国饭店》来讲述这一段有趣往事。《中国饭店》发表于 1974 年 10 月 6 日的台湾《联合报》副刊上。是三毛停笔 10 年后的第一篇作品，后收入《撒哈拉沙漠》集子当中，出版时更名为《沙漠中的饭店》，有特殊的纪念意义。

最重要的是，直至此时，她正式开始使用“三毛”这个笔名。使用“三毛”作为笔名的初衷，不过只是希望保有一份神秘。她童真似的想着，如果亲友读到文章而不知是出于自己的笔下，定会十分有趣。在撒哈拉的日子除了写作、旅行，三毛开始把大部分时间花在厨房和烹饪上。

也是靠三毛自己的一支笔，后人方才有机会得以观见一个中国女子在一片黄沙荒漠中生活的琐细，看见她的爱情、婚姻和日常的百无聊赖，以及厨房中的别有洞天。彼时，她又寂寞又快乐。多年以后，一首《橄榄树》唱出了三毛大漠生活里所有孤独的企图。

不要问我从哪里来，
我的故乡在远方，
为什么流浪，
流浪远方，流浪。

为了天空飞翔的小鸟，
为了山间轻流的小溪，
为了宽阔的草原，
流浪远方，流浪。

20 | 白麻

三毛与荷西在沙漠居住的时间不短，与左邻右舍熟识之后，常会有人前来向三毛索要杂物。从刀叉餐具到灯泡衣物，每每都是有借无还，令三毛十分苦恼。

夫妻二人每每出门旅行，归来之后总会发现家的里外被“洗劫一空”。甚至，连三毛家的帐篷钉子都会被拔掉。而与三毛同住一条街的沙哈拉威人，多是有正当职业并享有政府补助的人，当中还有许多是将自家多余住房外租的租主。

甚至，会有邻居家的小孩，包括房东的孩子，直接来到三毛家门口向三毛要钱。三毛不愿伤害他们，总是忍不住将注定有去无回的东西“借”出去，只有黑人“哑奴”不一样。

哑奴，就是三毛应邀去当地某个财主家中做客时，兜兜转转认识的人。他一家五口，妻子是一个沉默害羞的失智之人，两个儿子、一个女儿。他和他的大儿子都是财主家的仆人。三毛做客那日，没见到哑奴，她先认识了哑奴的儿子。小小年纪，伺候着一大帮客人用餐，让三毛心疼。

三毛于心不忍，临走的时候，给了孩子200块钱。三毛想不出别的方法，她只能用这种自己觉得“实在很低级的亲善方式”。可是，没有想到，第二天傍晚，哑奴便慕名而来。手里拿着三毛给他大儿子的200块钱，比着手势，告诉三毛想要退还这钱。三毛心酸，绝不肯收。

哑奴一家，世代为奴。无人把他们一家人当成一个寻常的人看待，全无半点尊重。他们劳苦一生，用命做活儿，所有的收入尽归主人所有。可是，他们连人吃的食物都没有。更有甚者，直接唤他们为“猪”，谈论他们的措辞令三毛不能入耳。这让三毛无法接受。她曾想，要帮哑奴一家脱离地狱。

然而，哑奴懂地理、懂建筑、会管羊群、会照顾骆驼。他会的东西太多了。三毛还未来得及细思如何救他，哑奴已被原主人转手卖掉。被带走时，三毛说，“（他）脸上的表情似悲似喜，白发在风里翻飞着，他看得老远的，眼眶里干干的没有半滴泪水，只有嘴唇，仍然不能控制地抖着”。

三毛还认识一个叫作姑卡的沙哈拉威少女。沙哈拉威女子对自己的年纪不敏感，甚至多半不知晓自己的具体年龄。初见姑卡时，姑卡只有 10 岁。不想，半年之后，三毛得知，姑卡竟然要出嫁了。当地女子早早出嫁，也是当地风俗文化的缘故，三毛便只能听一听，不好发表意见。

令人惊讶的是，姑卡并不知道自己将要出嫁。姑卡母亲一再委托三毛转达，姑卡是从三毛口中得知此事的。

后来，三毛与姑卡的未婚夫阿布弟见过一面。此人高大，肤色不黑，算很英俊。嫁娶一事，当地女子从来不能自己做主。嫁给阿布弟，还不算太差。结婚之前，姑卡依照礼数是要离家的。直到结婚那日，方才由新郎接回。离家之前，姑卡的姨妈来到家中替姑卡梳妆打扮。

当地女子的脸上是不用化妆品的。姑卡的头发被放下来编成三十几条很细的小辫子，头顶上再装一个假发做的小堆，如同中国古代宫女一般。每一根小辫子上再编入彩色的珠子，头顶上插满了发亮的假珠宝。头发梳好后，姑卡的母亲拿了新衣服。

等姑卡穿上那件打了许多褶的大白裙子之后，上身就用黑布缠起来，本来已不清瘦的身材彼时显得更是臃肿了。婚礼当日，姑卡家中肮脏的草席没有了，山羊也被赶出门外，门口放好一只已被宰杀的骆驼，房间大厅当中铺了许多红色的阿拉伯地毯，屋角放了一面羊皮大鼓。

那日，婚礼十分隆重。

三毛说："黄昏了，太阳正落下地平线，辽阔的沙漠被染成一片血色的红。这时鼓声响了起来，它的声音响得很沉郁、很单调，传得很远，如果不是事先知道是婚礼，这种神秘的节奏实在有些恐怖。我一面穿毛衣一面往孚地家走去，同时幻想着，我正跑进《天方夜谭》的美丽故事中去。"

沙漠生活，令三毛铭心刻骨的事有不少。所有被三毛还原笔端的事，让世人有了一个了解沙哈拉威人生活状态的入口。她是流浪的过客，满腔热忱地抵达这里，又一言不发地离开。她将人生交付给旅途，交付给爱，交付给未知的未来和期待。哪怕万事到头都是梦，明日黄花蝶也愁。

人生便要，不悔不恨不遗憾。

伍

爱到化身千百时。

21 | 荒山

荒山之夜，
魑魅横行。

你是暗夜里独行的蔷薇，
身是贞洁，
心是坚决。

仿佛永不低头的，
撒哈拉日晷。

三毛差点死在撒哈拉沙漠。她热爱旅行，即便旅居沙漠，也常常搭便车出行。后来，荷西有了车。有车之后，出行便利许多。三毛的出门次数变得更加频繁，她常常会在黄昏让荷西开车一起去看海市蜃楼，或者去远古瀚海寻觅化石与贝壳。总想，多走走，多看看。

那日，是荷西起意，要去寻找乌龟化石和贝壳。问了三毛的意思。她一听便兴奋起来，立刻起身奔上了车。二人走得匆忙，想着可以依照计划，当夜回家，所以没有带多余的衣服、毯子、食物。出门时，三毛只顺手拿走了挂在门旁的那个皮酒壶，当中尚有一升红酒。

来回路程长达 240 多千米。荷西爱车，长途开车跋涉也不觉劳苦。倒是三毛略欠耐心。抵达那一带的群山时，三毛开始疲倦。所谓群山，不过是风积而成的沙堆，约百米高。每一座沙堆形似，间隔一致，容易令人迷失方向，因此，有了一个“迷宫山”的叫法。

穿过迷宫山，往东大约半小时，车便驶入一片深咖啡红的低地，地上隐约有雾气。三毛想，这大约便是远古时期的河流所流经的地方。荷西下车欲一探究竟，不想身陷泥沼。不过几秒的时间，湿泥便迅速淹没荷西的膝盖，继而是腰身。十分危险。三毛见状，惊慌失措。

可是，车内竟然没有东西可将荷西拖拽回来。时已日暮，傍晚至深夜时分，沙漠气温会急速下降。三毛无法丢下荷西，独自开车去寻找救援。多耗费一分钟，荷西便多了一分钟的生命危险。正在此时，见远方有车灯亮起，三毛便急按喇叭求救。

不久，车缓缓驶近，是一辆吉普车。忽然，车上跳下三名男子，姿态戒备地立在远处观望。三毛急忙跑去他们面前，指着荷西的方向，说明情况请求援助。不想，三名男子有一人心生歹念，冷不丁地便上前抱住了三毛。

荷西见状，当即崩溃，大叫要杀光这帮人。荷西的几声叫喊，让三名男子分了神，三毛方才有机会脱身。她直奔自己的白色汽车，将四边车门锁上，立刻发动引擎向远处开。同时，三毛摸到了荷西藏在车里的弹簧刀。不想，几人不依不饶，竟开起吉普车追逐。

开到迷宫山之时，三毛毫不犹豫地冲了进去。匪徒开着吉普车紧随其后，危险迫在眉睫。三毛驾车在沙堆里来来去去，想要拼命摆脱。因为开着车灯，匪徒可以一直紧追三毛，直到三毛将汽油耗尽。那时，三毛必定躲不掉这一劫。三毛意识到这一点，在拼命踩着油门绕过半片山时，立刻熄了车灯。

三毛如有神助一般，驾车技巧突然十分到位。她牢牢抓住方向盘，打了个急转弯，在黑暗中绕到了吉普车的后面。车子并没有减速。她灵光一闪，将方向盘牢牢抓住，在吉普车跟丢的瞬间猛地往左紧急转弯，不再继续往前逃，而是掉头转回之前的沙堆里去，在黑暗中绕到了吉普车的后面。

因为沙堆在夜晚会投射出大片阴影，所以三毛将车子停在了沙堆附近，开了车门，爬到了沙堆的阴影处躲藏起来，手握着弹簧刀。三毛熄灯之后，匪徒便失去了方向，不停打转寻找三毛。正在三毛为怕自家车身的白色反光而担忧时，匪徒终于放弃寻找，加速朝前追去。

等三毛确认匪徒远去之后，她爬上沙堆顶上四处张望，确认吉普车的灯光终于消失在夜中。虽是虚惊一场，但此刻三毛想起身陷沼泽的丈夫，一颗心拧得更紧，并无丝毫平复。等到三毛凭借平日积累的沙漠行走经验，回到沼泽地的时候，天已黑到无法看清荷西的位置。

当时，荷西已奄奄一息。三毛喊了荷西许久，方才听到荷西勉强发出的微弱回应。找到荷西的具体方位之后，三毛急中生智，将车上的坐垫和备胎卸下，又将备胎拖至泥地上。拼接的距离依然不够，最后三毛只能独自用千斤顶卸下车的两个前胎。

是这样一个瘦小的女子在寒夜大漠中，身着单衣，做完所有的事。三毛站在坐垫上，又压了三个车胎浮在沼泽地上，二人之间依然有一段距离。最后，三毛跑回车内脱下了身上的长袍，用刀割成了四根宽布条，用布条绑住一把老虎钳，丢至荷西的位置。

此时，她已力竭。

最后，荷西用尽最后的力气，凭借本能的求生意志，将自己拉上了岸。他不能辜负三毛的竭尽全力。荷西上岸之后，便立刻倒下。此时，三毛尚有意识，拼命强撑身体，上车取下带出来的红酒。没有想到，这壶红酒成了他们暖身自救的唯一的，也是最重要的东西。

喝过酒，两人身体渐暖。此时，荷西依旧虚弱。三毛只能再次独自将那些卸下救命的东西一一安装还原。三毛说，“仿佛过了一个世纪，他的脸还是有了些血色，眼睛睁开了一会儿又闭起来”。然而，回家路上，两人竟异口同声地说，明日还要再来。

世间曾有三毛与荷西。

最倔强。

最勇敢。

22 | 千帆

他们有了第二个家。

当地，物价低廉，十分宜居。抵达大加那利岛之后，荷西只用一个小时，便在海边租好了一幢面海的洋房。有大客厅、一间卧房、一间客房、一间浴室。家居用品十分齐全。有许多北欧的人来此度假、安家。颐养天年。虽然加那利群岛也是西班牙殖民地，但是西班牙人不多。

此地，终年不雨，阳光充沛，四季如春。海岛十分安静，平日散步，难得遇人。海滩也近，步行即到。每日清晨，推开窗户，即见明媚人间。会看到社区里泼红一般的番茄田，会碰到在海滩遛狗、与岁月握手言和的老人。无尽的天，辽阔的海，海风略腥略咸，吹得往事摇摇欲坠。

来到大加那利岛后，面对因动乱失去工作的现实问题，荷西不得不开始接手新的工作。与三毛一起小住一阵之后，又恢复了忙碌的状态。每周，荷西只有周末才能飞回家里陪伴爱妻。与荷西的一再分别，令三毛心中痛楚。在一起的时间太少，少到每个日常都变单薄。

三毛身体不好，患有妇疾，下身时常出血。有一晚，三毛散步回家。途中，不知因何有些精神恍惚。等她回过神来，已来不及，出了车祸。三毛的身体每况愈下。荷西不能常伴左右，治疗需要有人照顾。为了医治自己的身体，三毛只能暂时返回台北治病。父母在侧，总会心安。

1976 年，三毛返台。

当年，从西班牙游学归来，她有视野、有历练。如今，从大加那利岛再次回家，她有沉淀、有质地。较之从前，她更加风情万种，也更加脱俗迷人。如果女作家在读者心中，有一种可以想象出来的样子，那么一定是三毛这般。深棕肤色，粗亮长发，波希米亚长裙，见者欢喜。

采访过三毛的作家心岱说："她的大眼睛和黑发是属于吉卜赛女郎才有的喜乐和奔放，我仿佛听到吉他的乐声从她嘴里唱出来，露出两排参差不齐，充满顽童的无邪、精灵的牙齿。"1976 年 5 月，经由皇冠出版社，三毛出版了自己人生中的第一部作品《撒哈拉的故事》。

今次归家，除了医治自己的妇疾，三毛参加了许多文艺活动。譬如，余光中发起的以"现代诗与音乐结婚"为主题的民歌运动。余光中为此活动特地写了《乡愁四韵》，三毛也写出了传世之作《橄榄树》和《一条日光的大道》等作品。参加这个创作活动的还有叶维廉、郑愁予等诗人。

参加活动的作品由古典音乐作曲家李泰祥谱曲。活动很有文化意义，不过未能寻到机会做商业性的传播，使当中的许多作品并未能够广为人知。直到两年之后，三毛的《橄榄树》被选为电影《欢颜》的主题曲时，方才变得家喻户晓。因着《橄榄树》的知名度，三毛名噪一时。

1985年，齐豫、潘越云和三毛与滚石唱片合作，共同发表了音乐作品《回声－三毛作品第15号》。唱片封面上，三女子皆身着宽大衣衫，戴民族风的项链与大耳环。她们让波希米亚风的穿着风行一时。医治好自己的妇疾之后，三毛返回了大加那利岛。

20世纪70年代的台北，属于三毛。

属于《橄榄树》。
属于流浪。
属于波希米亚。

属于她。

23 | 万劫

离开台北，三毛回到大加那利岛。

回来之后，三毛与荷西的日子过得并不轻松。荷西工作不顺利，三毛的稿酬也很有限。后来，荷西尝试与朋友合伙承包工程来做，结果未能成功，入不敷出。那段时间，夫妻二人不得不节衣缩食，生活很是拮据。三毛从不畏惧贫苦，只怕孤独。荷西在，什么都好。

1977年年初，荷西谋到一份新的差事。去尼日利亚为德国一家小规模的潜水工程公司在港口打捞沉船。每日需要工作十六个小时，荷西一共工作了八个月。最后，因雇主无良，荷西只拿到了三个月的薪水。对于荷西而言，这是一段十分失败的工作经验。

三毛心宽，坦然应对。

1977 年冬天，经济好转。二人迁居至丹娜丽芙岛（今特内里费岛）十字港。荷西受雇参加修建人造海滩的工程，收入良好。二人的生活恢复至一个宽裕平稳的状态。海滩工程历时一年。一年后，三毛与荷西重返大加那利岛。离行前，他们并肩坐在完工的大堤边，看了整夜的海。

那晚是新年，有烟花亮灭于穹空。

回归岛上生活，日子变得温柔、平常。对三毛而言，世间万事，都不重要。只要荷西在侧，“守着海，守着家，守着彼此”，便已足够。三毛说，“每听见荷西下工回来时那急促的脚步声上楼，我的心便是欢喜”。又一个六年过去了，荷西回家，总是在跑，不肯浪费一分一秒。

若得真情，哀矜勿喜。

静默无言的岁月，便是安好。彼时，三毛只愿，日子是可以这样如水安宁地一直过，过下去，直到老去，直到死。是时，他们已结婚六年。三毛说，“六年一瞬，结婚好似是昨天的事情，而两人已共过了多少悲欢岁月”。偶尔回头，三毛仿佛还能看见那年树下的少年荷西。

曾经，他们分开过六年。

如今，他们在一起六年。

为了纪念二人结婚六周年，荷西送给了三毛一只老式女表。是用加班费买的。荷西虽并不富裕，但他舍得倾其所有，让三毛快乐。荷西说：“以后的一分一秒你都不能忘掉我，让它来替你数。”她的粗犷的“大胡子”竟有这样柔情浪漫的时刻，三毛十分感动。

愿我如星君如月，

夜夜流光相皎洁。

有一次，三毛的父母来欧旅行，绕道西班牙看望他们。三毛陪父母在西班牙度过了半个月，方才回到大加那利岛。父母来时，是荷西接的机。与三毛父母见面之前，荷西心情紧张，很是忐忑。这么多年过去了，这是他第一次见到来自中国的岳父、岳母。

在这之前，三毛一直鼓励荷西用英文与父母交谈。因此，不通英语的荷西也在一直苦练英语。不想，见面那一刻，荷西竟忽然用中国话喊出了一句："爸爸！妈妈！"三毛不知，他是何时学会的这两个词语。他待她，总是这样，微细之处用心。他是这样一个懂爱的人。

一个月后，荷西向三毛提议，说想要一个孩子。三毛觉得突然，自己毫无准备，左思右想还是暂时婉拒了荷西。一来自己身体不好，二来经济状况尚不适合，三来她是一个那样热爱自由的女子。相夫已是不易，自觉教子无力。三毛不知，这将是她此生所做的最错的决定。

知道女儿、女婿一切都好，三毛的父母也放下心来。三毛陪着二老辗转去了伦敦，继续旅行。送行时，荷西还与岳父、岳母约定来年便去台湾看望二老。只是，世间允诺，被兑现的，总是寥寥。不是人心叵测，便是天命难违。在飞机上，三毛遇到一位太太，她就坐在三毛的旁边。

她问三毛，机场下面向三毛挥手告别之人是不是三毛的丈夫。三毛说，是。太太是去伦敦看望儿子的。说时，她递给三毛一张名片。说来奇怪，本是寻常名片，偏偏这位太太在上面写自己是她丈夫的“未亡人”。孀居的女子，为纪念丈夫，连名片上也要写明自己是一个寡妇。

突然之间，三毛觉得害怕。只因“未亡人”三个字传递给三毛的信息和能量，黑暗又沉重，令人窒息。她无法想象，这三个字背后承载的孤独、痛苦和绝望。区区三个字，却字字是阴霾。三毛不知道，这是命运给她一生写下的剧本当中一个最是蚀骨的伏笔。

1979 年 9 月 30 日，三毛与荷西分开才两天。夜半伦敦，三毛的房门被敲响。三毛许久不曾被人深夜惊扰，她看了看时间，凌晨 1 点半。她忽然有一种不好的预感。此刻，来找她，想必不是什么好事。具体是什么，三毛也没有妄下论断。一颗心，刹那变得不安、慌张。

世间人事，波诡云谲。

三毛内心有一万种猜想，唯独不曾料到，别人跟她说，荷西死了。荷西因公潜水时发生意外，溺毙身亡。少有人会练习如何面对告别与死亡。什么叫作五雷轰顶？什么叫作生不如死？什么叫作人间炼狱？一瞬间，三毛都明白了。这一晚，成了她人生剧本当中，最黑暗的一页。

生死之外，皆是闲事。

世人都以为死亡距离自己很远，然而不过相隔咫尺。最怕，猝不及防。如今，三毛明白了。总说“撕心裂肺”，何为“撕心”，唯三毛懂。一颗心，被扯开、撕裂、踩碎。荷西先前想要和她有个孩子，她没有答应。今时今日，再回不去。此生此世，她都再无机会给荷西生一个孩子。

荷西死的时候，不到 30 岁。

人生在世，便是仪式。死了，也要。三毛连好好痛哭一场的时间都不能拥有。她要为荷西办理入葬的琐碎程序，去葬仪社结账，去看法医的解剖结果，去海防司令部填写资料，去法院申请死亡证明，去市政府请求墓地样式，去立碑。人生一直在告别，从无例外。

荷西去世之后，三毛将他葬在岛上的墓园里。他们曾经常常散步经过那里。那时，三毛喜欢看墓园四方的白墙，看墓园里面特有的丝杉，还有那一扇古老的镶花大铁门。终于，她还是失去了他，彻彻底底，永不再回。以后，他将独自躺在这片孤灯映照的土地上，寂静无声地走他的下一程。

一个人，听鸟声，吹海风，看日落。

荷西在的地方，便是三毛的家。这片墓园，在三毛心里，也如同新的故里，让她有着乡愁一般的依恋。山河岁月，匆匆来去。有时，她会想到与荷西并肩坐在阳台上看渔船时的夕阳晚照。如今，再没有了。那些与荷西一起走过的时年，一点一点从鲜活变斑驳，成了往事的遗址。

父母中断了旅行。他们陪三毛度过了她此生最艰难的日子。还好，他们还在。而她，变成自私的女儿，全无心思照顾父母。每日，她等墓园开门，陪伴荷西到墓园上锁。如此往复，不眠不休。她要做他的守墓人。

墓碑上，三毛只刻写了最简单的几个字：

荷西·马利安·葛罗——安息。

你的妻子纪念你。

当年，那个站在树下手拿帽子的少年，走了。今日，只剩眼前一方矮矮的坟墓成了荷西生命里的潦草句点。“十年生死两茫茫，不思量，自难忘”，他在里面，三毛在外面。再不复见。死亡是什么？是再也不能躺在他的怀里，看月落，观沧海。是再也不能，倒进他的臂弯，言今生，说来世。

温存有时，无爱有时。

花开有时，畸零有时。

三毛实不敢想，五年后，还有捡骨葬礼。那个午后，她身穿花衣，在墓园为丈夫墓地上的十字架和四周木栅重新上漆。没有表情，也不哀怨，更无哭泣，只是默默劳作，如同照顾丈夫起居之日常。她恨不能生生世世陪在墓园，然而不能。她的身体，一日一日损毁。她的心，一日一日朽坏。

人生，就是这样了。

总要离开的。此生能够相遇，已是幸运，不敢遗憾。荷西是死了。不过，他是死在这个现实里。三毛心中，他寸步不离、昼夜在侧。回身看看，父母还在。她此生最重要的人，已然走了一个。她突然明白，是时候把未能尽孝父母的时光补上了。日子总要过下去。趁一切，还来得及。

不知何时，迷蒙中她在墓园睡去。

远方，似有人在唱歌：

记得当时年纪小，
你爱谈天我爱笑。
有一回并肩坐在桃树下，
风在林梢鸟儿在叫。
我们不知怎样困觉了，
梦里花落知多少。

24 | 惊梦

1981 年，三毛回到台北。

离开大加那利岛，回到台北之后，三毛一心写作。写作，成为她缝补自己那颗破碎之心唯一的方法。朗朗日光之下，三毛把最好的一面留给了世界。她依然光彩夺目。看过去，完好如初，仍似旧日年少模样。可是，内心云雨，唯有自知，只能交付一支笔梳理、篆刻。

1981 年 11 月，三毛接受《联合报》赞助，与摄影师米夏去往中南美洲旅行长达半年之久，游走了十余个国家。这趟旅行结束之后，三毛完成了她回台之后的第一部作品《万水千山走遍》，并陆续开始接受各路采访，也接受邀请举办讲座。一夜之间，三毛声名鹊起。

写作带来的荣耀，与三毛内心的精神负重成正比。她笔下的一字一句皆出自她心，面对读者，从不虚伪，更不矫饰。其作品之所以能够风靡华人世界，便在于她的赤诚相待。动人的，必是真实的。因此，陈年往事，一桩一件，都成为她与读者对话的来源。

她把痛苦留给自己。

再把感动送给世界。

荷西，成了三毛笔下贯穿始终的灵魂人物。她最想写的，除了往事，便是他。每一次落笔，都是撕开旧日伤疤。她痛不能忍，可是想说。如此这般才似日夜与荷西相伴。没有与之共白头的未来，她宁愿在回忆当中醉生梦死，一次一次，永无休止。仿佛，心之千疮百孔，再不能愈。

据说，有一段时间三毛沉迷“通灵”，祈望借此与荷西言说。连台北的《中时晚报》都曾刊发过相关报道。真伪难辨，哗众取宠也未可知。虽不像三毛行事作风，但人心总有虚弱之时。无论三毛如何黑暗地独处，也不妨碍她把最好的自己留给别人。在外演讲，依然妙语连珠，光彩夺目。

三毛的演讲很受欢迎，许多广播节目都会全程直播三毛的演讲内容。三毛的工作量也因此剧增。如果周遭人事安好，或许时间的包容会在三毛的身上见效。可是，不久之后，三毛挚友杨淑惠过世，且是英年早逝。三毛的精神状况再度濒临崩溃，住院疗养了一段时间。

荷西去世六年间，与日俱增的关注，使三毛有了作为一个公众人物的压力。她内心的黑暗与彷徨，慢慢不能轻易示众。做好“大家的三毛”成为她生活的全部内容。原本，这也是三毛自我治疗的一个动力。为了读者与关注自己的人，她须得尽快走出潮湿阴暗的昨日。

然而，伴随着关注而来的，必有质疑。甚至，有人居心叵测，说三毛从没丧偶，荷西未死，只是与三毛因感情不和，导致离婚。谣言未能止于智者，传到三毛的耳中。令她痛不欲生。有时，人心实在很坏，坏到可以轻贱别人的痛和血，以此填补自己内心的空虚和鄙陋。

父亲陈嗣庆闻后愤懑，曾向《联合报》发声：“这种谣言是胡闹！三毛曾经说，如果有新闻界乱发布这种消息，她一定与对方争到底。三毛有荷西的死亡证明，西班牙政府也曾给她一些微薄的抚恤金，荷西的葬礼，我和陈妈妈还亲自参加，亲眼看到他大殓、下葬。这种传言简直是胡说！”

心理学家统计，丧偶之痛的心理创伤治疗期，需要四年到六年。三毛正是熬了六年，方才心痛渐缓，略见明媚。荷西去世之后，三毛的身边不乏有心之人的追求。她也尝试与人来往，却都无疾而终。此时，三毛已经年过四十，不是少年时候，已经无法轻易与人并肩走一程。

1989 年，三毛 46 岁，重回大陆。

虽然儿时记忆单薄，但是她依然记得南京城。那是她曾经的家，骨血相连。令三毛惊喜的是，她如愿以偿，终于在上海见到了漫画“三毛之父”张乐平先生，圆了自己儿时的夙愿。前一年，台湾开放大陆探亲始，三毛便与张乐平先生通信，并认张乐平作自己的义父。

三毛还回到了浙江老家，跟着堂兄一起返乡祭祖。她去了祖父的墓地，拾了一捧祖父坟上的土，又在舟山群岛陈家老宅的井里打上来一瓶水，带回了台北，以作纪念。旅行，对三毛来说，如同日常。她仿佛是住在路上的女子，江海溪流是她的笔，高山云雾是她的书。

1990 年 4 月，三毛重返大陆旅行。

临行之前，导演严浩与林青霞、秦汉出面邀请三毛写电影剧本。当夜，三毛兴致很好，喝得酣畅，渐入醉意。回家上楼时，一不留神，重重摔下，肋骨摔断，负伤卧床。也是在病床之上，三毛创作完成了《滚滚红尘》的电影剧本。旅行计划被迫延期。

其实，三毛很早便见过林青霞。大概是在 1973 年，三毛 30 岁的那年，德国未婚夫婚前离世，她与荷西分别六年也尚未重逢。摆在三毛面前的人生，支离破碎，摇摇欲坠。一日，她与母亲去香港，逛街添置衣物。手中正拿着一件绿色旗袍打量时，三毛听到店员说话。

店员说："你看，你看！那就是林青霞，演《窗外》的那个女学生。"三毛茫然一回首，看到了当时只有 19 岁的林青霞。她也来了香港，也是母亲陪着。多年之后，回忆当日初见，三毛说："心中有一种茫然感，好像不只是看着她而已。"那时，林青霞只是凭借《窗外》初入演艺圈的少女。

电影《滚滚红尘》让三毛和林青霞成为密友。剧本完成之后，三毛把林青霞请到家中，为她解读剧本。后来，林青霞回忆当时道："当我坐定后，她把剧本一页一页地读给我听，仿佛她已化身为剧中人。到了需要音乐的时候，她会播放那个年代的曲子，然后跟着音乐起舞。"

从来没有一个人，像三毛这样。

醉笑陪君三万场，
不诉离伤。
禅心已失人间爱，
又何曾梦觉。

三毛在《滚滚红尘》的剧本上倾尽心血，她说："我之所以选择了以另一种文字形式来创作，主要动力仍出自我对电影一生一世的挚爱。"为了跟随剧组拍摄，三毛带伤，远赴大陆东北。借此机会，三毛开始了自己的第二次大陆之行。临行之前，她和好友司马中原见了一面。

便是此时，三毛知道了王洛宾。

陆

爱到来生聚首时。

25 | 春泥

在那遥远的地方，
有位好姑娘。
人们走过了她的毡房，
都要回头留恋地张望。

她那粉红的笑脸，
好像红太阳。
她那美丽动人的眼睛，
好像晚上明媚的月亮。

王洛宾的一首《在那遥远的地方》家喻户晓。他似吟游诗人，其才情常人不能相媲。王洛宾一生坎坷，晚景孤寂。他与三毛，都是孤独的人。许是命运之关照，让他们有了联系，有了牵绊。命运的安排，总是看似平静地突如其来。有时，岁月之美也正在于那一点出乎意料和难以预想。

王洛宾，命途多舛，一生都不顺遂。早年身陷长达19年的牢狱之灾。晚年丧妻，独自一人在新疆生活。即便如此，他仍一生致力于西部民歌创作和传播，晚景孤凉的他仍旧不曾放弃自己对音乐的信仰，坚持采集歌谣。音乐，是他一生不改之初衷、不变之依赖、永无告别之情人。

1989年，香港女作家夏婕曾在新疆与王洛宾相识、共处。王洛宾其人其事，令夏婕内心震动。回到香港之后，夏婕便将王洛宾的故事写下来发表在报纸上。后来，夏婕在某个作家座谈会上遇到了作家司马中原，便转述了王洛宾之事。司马中原是三毛的忘年之交。

司马中原对三毛说，每日黄昏，王洛宾都会坐在自己的门前看日落，天黑之后，便面对已故的夫人遗像，弹上一首曲子，以慰相思。三毛听着，不禁落泪。世间情深之人，总能令人心生恻隐。三毛说："这个老人太凄凉、太可爱了！我要写信安慰他，我恨不得立刻飞到新疆去看望他！"

她真的去了。

此次旅行，除了电影的拍摄成功，三毛最大的收获是沿丝绸之路西行至新疆，见到了王洛宾。王洛宾年长三毛 30 岁。初见那日，二人相谈甚欢，三毛听着面前的老人唱着那首《橄榄树》，恍如隔世。三毛觉得，这个老人眼神中藏着的故事，仿佛用一生也读不完。

相见恨晚，便是这个意思。三毛只是跟着旅行团停留了两日，便匆匆离开。离开之前，三毛对王洛宾恋恋不舍。她对王洛宾说，“我还会回来的”。回到台北不久，三毛便给王洛宾写了一封信。

一封深情款款的信。

三毛在信中说：“万里迢迢，为了去认识你，不是偶然，是天命，没法抗拒的。我不要称呼你老师，我们是一种没有年龄的人，一般世俗的观念拘束不了你，也拘束不了我，尊敬与爱，并不在一个称呼上，我也不认为你的心已经老了……你无法要求我不爱你，在这一点上，我是自由的。”

从1990年5月到8月，三毛与王洛宾的通信有15封之多。王洛宾对待三毛，算是小心翼翼的。他觉得自己就像萧伯纳出门带着的那把破旧雨伞，已是毫无用处，只能当成一把拐杖。三毛一切都明白。她在信中和王洛宾约定，下次看他，住他家里，只为与他走得更近。

1990年8月，三毛修改完《滚滚红尘》电影剧本的旁白部分，便再次去了新疆。然而，一切不似从前，突然变得不太美好。当时，某电视台为王洛宾拍摄纪录片，得知三毛要来，便说希望将三毛也一同排进纪录片中。王洛宾没有征得三毛同意，便应允了电视台的要求。

三毛乘坐的飞机抵达之后，舱门刚刚打开，三毛便看到了电视台的摄影机，更有电视台安排的十几个小学生手捧鲜花候在一旁。三毛十分不悦，迟迟不肯下机，直到王洛宾数次相劝，三毛才勉强出来。那日，三毛身穿一件尼泊尔藏裙，盛装之下，十分夺目。然而，一切本只为一人。

回程的路上，三毛一言不发，沉默抽烟。接下来的几日，王洛宾的家中宾客来往，络绎不绝。三毛带着一心爱意，想要与之独处，并未如愿。每日，三毛都是骑虎难下，硬着头皮配合王洛宾为纪录片做戏。三毛以为，新疆会像昔年的撒哈拉沙漠和加那利群岛，天地俱寂，只他们二人。

三毛对待王洛宾的每一个家人，都是发自肺腑的友善亲和。她想过在新疆买房，方便日后来住，甚至为王洛宾的孙子操心学业问题。眼下，一切想法都渐行渐远。原本打算小住的三毛忍无可忍，毅然独自住进酒店。除了文学、音乐、艺术，三毛发现，她与王洛宾再无其他默契。

九天之后，三毛便回到台北。

随后，三毛给王洛宾写了最后一封信，她说自己将会和一个英国人结婚，以后要定居苏格兰，请君勿念。类此云云。她当然没有再嫁，她是为了自己对王洛宾的一腔孤勇画上句点。对王洛宾，她失望。对自己，她哑口无言。这么多年过去，她并未强大，只更脆弱。

往事厚重，令人刺痛，三毛天性敏感，总有几分不忍，将自己的一颗心撕扯开来示于世人。最亲最近的，也未必全然知晓她的那一颗心。与王洛宾之间的爱或不爱，原本即与世人毫不相干。无奈世人鲁莽，时时逼迫她，想要掏空她。

1990年12月，王洛宾收到三毛寄来的最后一封信，不曾料到，那封信竟是三毛的绝笔之书。人海茫茫，此时能够相识相知一场，已是难得。写完这封信的19天后，三毛便自杀了。听闻三毛的死讯，王洛宾悲痛难耐之下为三毛作了一首诗：《等待——寄给死者的恋歌》。

你曾在橄榄树下等待再等待，
我却在遥远的地方徘徊再徘徊，
人生本是一场迷藏的梦，
且莫对我责怪。

为把遗憾赎回来，
我也去等待，
每当月圆时，
对着那橄榄树独自膜拜。

你永远不再来，
我永远在等待，
等待等待，等待等待，
越等待，我心中越爱。

往事不记。

无须再提。

26 | 夏虫

1990 年，三毛最后的漂泊。

因为遇见王洛宾，三毛频繁来往于两岸。不过，大陆旅行留下的三毛照片，多半拍摄于成都。旅行途中，三毛在成都停留了三次。三毛说：“生命的过程，无论是阳春白雪、青菜豆腐，我都得尝尝是什么滋味，才不枉来走这么一遭！”去过成都，她的大陆旅行才算圆满。

成都，实在是一座特别的城市。这一处，没有鲜衣怒马之热烈，只有陌上花开之闲静。不聒噪，不华丽，不轻浮。有的只是，光阴味道，流年气息。一块一块的青石板，渗出的是巴蜀风情。好难得的，她远离喧嚣，得了片刻素朴寂静，享了几日人间烟火。

当年，三毛住在成都著名的锦江宾馆673号房。三毛的书红遍大陆和台湾，她是一个将人生写在身上的人。看她一眼，便知道，她经历的温柔和苦难。年轻的摄影师得知三毛来到成都，慕名而来，想要为她拍点什么。平生初见，摄影师便知道，三毛会是他此生所遇的贵人。

三毛肖像，令他声名鹊起。

次日，三毛在成都闲逛。在那个年代，她的穿着一如既往地特立独行。中式褂衫下面一层浅浅流苏，配上她随意披肩的浓密长发，有一种诗意的流浪者气息，令人着迷。成都有一条河叫“府南河”，河畔有一座桥叫“万里桥”，桥边有一条街叫“柳荫街”。就这样，她漫不经心地走在柳荫街上。

万里桥头独越吟，
知凭文字写愁心。
细侯风韵兼前事，
不止为舟也作霖。

唐代女诗人薛涛写过的成都“万里桥”，当年也留下过三毛的背影。青石小巷里苔藓滋长的砖墙，木板拼成的老门背后躲着的孩童，闲散街边喝茶“摆龙门阵”的妇人。她走街串巷，坐在竹椅上，喝过成都的盖碗茶。她还走到别人家中，和乘凉的老人闲话家常。她喜欢成都的烟火气息。

在成都，她看到了“日子”本身。

她听着自行车和人力三轮的清脆铃声，和孩子们一起戏耍，用成都话和店主讨价还价。她第一次，体会到日子原来也可以过得如此活色生香。无人知道她就是三毛，她未想过，年过四十的自己还能重新活成一次自己喜欢的样子。哪怕只是几天，哪怕只在成都。

黄桷垭，黄桷垭，
黄桷垭下有个家。
生个儿子会打仗，
生个女儿写文章。

听上去，仿佛说的就是三毛。

三毛出生在重庆的黄桷垭，都说川渝本一家，不知当年三毛在成都是否也曾看到重庆的侧影。三毛曾说，“成都人相当温柔，路人都出于内心的一种好，问个路，吃个东西，都非常地热心”。成都，是她此生去过离自己出生之地最近的城市，也是她此生流浪世界的最后一站。

那年夏天，她在成都。

结束大陆之行，回到台北的三毛，陷入重之又重的黑暗里。泰戈尔说，“生命有如渡过一重大海，我们相遇在这同一的狭船里。死时，我们同登彼岸，又向不同的世界各奔前程”。三毛曾在文章《秋恋》中引用过。那时，她温静可人，仍充满希望。

1990 年年末，三毛因子宫内膜肥厚入院治疗。1991 年 1 月 2 日，手术成功，开始疗养。术后，缪进兰入院陪伴三毛，与她说话。彼时，三毛的精神状态不好。起初，三毛与母亲说话语气平和，后来缪进兰说，“忽然间她那头就咕噜咕噜说了些话，比较大声又急，我也听不清”。

诡异的是，三毛从不曾送母亲生日礼物，总嫌俗气。这年元日，三毛提前将生日礼物送给了母亲，可是，缪进兰的生日分明是下个月。三毛的解释是：“怕晚了来不及。”是极有可能的，三毛一早便下定了自杀的决心。

1991年1月4日，清晨7点，台北市士林区荣民总医院医护早班查房，发现三毛未在病床之上。待医护人员查看房内浴厕时，才发现三毛的身体半悬于马桶上方，以一条肉色丝袜套住颈部，自缢身亡。事后法医推断三毛的死亡时间是：1991年1月4日，凌晨2点。没有遗书，悄无声息。

是年，三毛48岁。

犹太诗人耶胡达·阿米亥有一首诗写得好：“人的一生没有足够的时间，去完成每一件事情。没有足够的空间，去容纳每一个欲望……人不得不在恨的同时也在爱。用同一双眼睛欢笑并且哭泣……当他失去了他就去寻找，当他找到了他就遗忘，当他遗忘了他就去爱，当他爱了他就开始遗忘……”

仿佛在写三毛。

三毛去世之后，媒体日日围绕着她的双亲。生前，三毛是二老的掌上明珠。身后，三毛是二老的精神归依。然而，他们当真想说什么吗？显然不是。他们无法闭门谢客。舆论何其残忍，在那样不堪重负的时令之下，二老依然需要为女儿面对世人，为其保全一个完满。

父亲陈嗣庆说："虽然三毛距离川端康成、三岛由纪夫、海明威等世界等级的作家还有一大段距离，但我隐约预感，三毛也会走像他们一样的路……我揣测，她自己也许觉得她人生这条路走得差不多了吧。我很难形容我的女儿，我想她一直感到很寂寞吧。"

母亲缪进兰对于三毛以自杀的方式终结生命一直难以接受。好在缪进兰是知识女性，她知道如何应对、释怀。后来，缪进兰为女儿写了一篇文章，题为《哭爱女三毛》。文章里，她似乎也不得不承认女儿生前多年处于精神崩溃的边缘，一度都为厌世心理所困扰。

她说："荷西过世后这些年，三毛常与我提到她想死的事，要我答应她，她说只要我答应，她就可以快快乐乐地死去……最近她又对我提起预备结束生命的事，她说：'我的一生，到处都走遍了，大陆也去过了，该做的事都做过了，我已没有什么路好走了。我觉得好累。’”

时光匆匆，廊桥遗梦。

情来情往，爱似洪钟。

水月人世，不过幻空。

一场衣香鬓影的金马奖典礼之后。

她选择了离世。

选择了死。

27 | 秋蓝

三毛曾有一篇访谈——《假如还有来生》。

关于来生。

她说："假如还有来生，我愿意再做一次女人……做一个完全不同的人，我要养一大群小孩，和他们做朋友，好好爱他们。我的这一生，丰富、鲜明、坎坷，也幸福，我很满意。过去，我愿意同样的生命再次重演。现在，我不要了。我有信心，来生的另一种生命也不会差到哪里去。"

关于爱情和死亡。

她说："这个世上不会再出现第二个荷西……他身上有一种特别的光芒，照耀着别人，我们结为夫妻，他把这种光芒反射给了我……对于死亡这件事，我们曾经戏谑地讨论，我说：愿意两个人穿戴得整整齐齐躺在床上，手拉手，一起喊一二三，就死了，死后紧紧地合葬在一起，不能分开。”

连死亡，她都想得如此美好。

关于三毛死因的考证和猜想，从未停歇。有人说自杀，有人说他杀，有人想知道她轻生的前因后果。世人都在论说她，评断她。但都无用、无意。她久别人世依然活在千万读者的心底，活在春风沉醉的夜晚，活在朝阳遍地的清晨，活在那些热烈丰盛又伤春悲秋的青春里。

三毛友人眭澔平说：“三毛的死带给人们的是惊讶、悲伤、惋惜、遗憾，或是气愤不解；三毛的爱留给人们的是多、少、厚、薄或是泛……现在对她来说都不重要。漫漫黄泉路上，她还是如在人间时，只是个飘零孤单的身影。任何的批评猜测或关爱祝福依旧无法减损她的锋芒。”

说得实在好。

三毛说：“我在这个世界上，向来不觉得是芸芸众生里的一分子，我常常要跑出一般人生活着的轨道，做出解释不出原因的事情来。”岁月如舟，一程山水一程风雨，一日春花一夜冬雪。人生如沙，一手掬捧一手流散，一路恢宏一路黯淡，来来去去，聚散无定。相遇相知，但凭宿命。

她一生不喜欢黑色。

她穿着热烈，衣饰活跃，喜欢戴大号的古铜耳环。她喜欢印第安人的手织布、十字架，喜欢西班牙的陶瓷罐和彩盘，喜欢印度的挂毯，喜欢中国的刺绣、瓷碗和铜器。她也喜欢银制品，喜欢白马和骆驼，喜欢当荷西的“中国厨娘”，为他做“笋片炒冬菇”。她喜欢读书、写作、旅行。

她喜欢一切的真实与不悔。

旅行，是隐藏秘密最深的地方。三毛不同。从中国重庆到南京到台北，到西班牙，到德国，到美国，到撒哈拉沙漠，到加那利群岛，再回到中国新疆和成都。三毛的流浪地图，就像一册绝版古书，每一页的惊心与浪漫拼在一起，都是传奇。三毛用双脚丈量人心、勘察岁月，落在纸上，便是人生。

若无那年，她穿越千山万水来到荷西的身边，也就不会有撒哈拉沙漠的举案齐眉。若无那年，她环游天地人间写下爱恨的箴言，也就不会有滚滚红尘中的萍水相逢和生死契阔。唐代诗人张若虚说：“谁家今夜扁舟子？何处相思明月楼？”流水一梦，遍地春远。她不曾想到，这么快已到岸边。

没关系，上了岸，会有新的一生。

读三毛的今生今世，你能看到，她在风中奔跑的样子，她在雨中沉默的样子。你能看到，她在电闪雷鸣中桀骜不驯的样子，在山风海啸中竭力呼喊的样子。你能看到，她在路上赤诚的样子，她在爱中孤勇的样子。你能看到，小小的她躺在父母怀中娇羞的样子，小小的她靠在岁月臂弯睡觉的样子。

三毛的来去和生死，让人明白，世间哪有什么无懈可击的人。所有坚硬，都是逞强；所有冷漠，都是死撑。有人把痛苦熬成糖，食之如饴；有人把心酸酿成酒，一饮而尽。大部分人，愿意掩耳盗铃，把人生过得匆匆又潦草。三毛不愿，快乐便笑，痛苦便哭，从无遮掩，从不假装。

她始终是那个她。

把一天当成一辈子来过。

28 | 冬青

三毛，两岸最具影响力的作家之一。

如此评说，全不为过。纵是她离世已逾二十年，她的作品依然久销不衰，拥趸无数。关于她的文学成就和写作生活，众口不一，褒贬各异。写作，原本是一个人的事，她也从未奢望要得名利。只是想写的时候写下几行文章，以慰寂寥，以记光阴，以手写心罢了。

所有论断，都抵不过她自己的只言片语。还能有谁，比她自己更懂自己。她说，写作不是她人生最大的幸福，甚至是她生活里最不重要的一部分。她从未在乎名利，亲口对人说，名利于她“不痛也不痒”。至于有人问她，书的畅销是否会令她幸福，她更是置之一笑。

她知道，人生有太多值得追求的事。她从不虚夸自己的文学价值。她那么坦然，说自己的文字“很浅”，“小学四年级的孩子就可以看，一直看到老先生，可是这并不代表文学上的价值，这绝对是两回事”。最要紧的是，她一生坦荡，一如她的文字，写出来的，必然真实。

她说：“如果有一天你们不知道我到世界哪一个角落去了，因为我又要走了，你们在没有看到我发表文章的时候，也许你们会说‘三毛不肯写，因为她不肯写假话。她要写的时候，写的就是真话。当她的真话不想给你知道的时候她就不写’。”这大概就是她令读者痴迷的缘故吧。

写得真实。

活得漂亮。

三毛的作品，没有虚饰的华丽包装。连每一个书名都平淡、寻常。从《撒哈拉的故事》到《万水千山走遍》，从《雨季不再来》到《稻草人手记》，从《哭泣的骆驼》到《梦里花落知多少》，从《温柔的夜》到《送你一匹马》，从《亲爱的三毛》到《我的宝贝》。

她的书，就像一个家。

白墙黑瓦。
金玉其中。

她一直谨记前辈对她讲的，“不要在题目里透露文章的秘密”。她觉得这句话很对。她说，“假如你把文章的内容，直接地由题目表现出来，别人一看就已知道里面写的是什么，猜出你所写的内容，那便是不够精彩了”。因此，她给自己的文章取的标题，要么不透露内容，要么与内容相反。

她足够自信，每一笔都能吸引人。

然而，三毛将自己的写作成就归功于荷西。她说：“我的写作生活，如果不是我的丈夫荷西给我自由，给我爱和信心，那么一本书都写不出来……所以我的写作，就是我的爱情生活……但是我还要说一句，‘我的人生观，就是我的爱情观’。”三毛最畅销的作品，内容都涉及与荷西共处的时光。

剧本《滚滚红尘》既是三毛此生的最后一部作品，也是她唯一一次创作剧本。这个剧本是三毛以张爱玲的人生故事为蓝本，将自己的爱情、精神、价值观融入其中，讲述了一个20世纪三四十年代的传奇。这部作品拍摄成电影之后，荣耀等身，给三毛的平生写作画上了一个完美的句点。

三毛的岁月是她的第一种人生。

三毛的旅行是她的第二种人生。

三毛的写作是她的第三种人生。

三毛离世之后，远在美国的张爱玲从报纸上读到了新闻。当时，张爱玲的朋友林式同正带着她去和房东签约。在车上，她只淡淡问了一句："她怎么自杀了？"剧本《滚滚红尘》成了张爱玲和三毛两代惊世才女唯一的交集。如果，张爱玲生得晚一点，三毛生得早一些，或成知音，也未可知。

而今，仍有人在唱陈淑桦的那首《滚滚红尘》。

起初不经意的你，

和少年不经事的我，

红尘中的情缘，

只因那生命匆匆不语的胶着。

想是人世间的错，

或前世流传的因果，

终生的所有，

也不惜换取刹那阴阳的交流。

来易来去难去，

数十载的人世游，

分易分聚难聚，

爱与恨的千古愁。

文章也罢，经历也罢，她不过是将今生今世活到淋漓尽致，活出一个真正漂亮的自己。不虚伪，不作假，不矫饰。她用最素朴又最浪漫的方式，好好用尽了这一生。不能决定生，也要决定死。滚滚红尘，幸得有她。否则，这岁月实在枯燥，这人间实在寂寥。最爱她说的那句：

不求深刻，但求简单。

29 | 浮生

一回首，遇见她。

唱片架上有一张齐豫和潘越云合作的唱片，迟迟不忍拆封。因为所有的歌都是三毛写的。数年过去，依然崭新如初。写作这本书时，方觉时机已到，遂小心翼翼地撕去塑料薄膜。那一瞬间，我恍然觉得我离她近了许多。好像推开了一扇厚重的红木大门，她如彩釉瓷器一般，立在门口，向我回首。

这么多年，终于相见。

唱片名字叫“回声－三毛作品第 15 号”。

大大的“回声”二字右上角还有一行小小的字，写着“三毛作品第 15 号”。唱片文案是这么写的：“回声是一种恫吓，它不停息地深入人心，要的不过是一个证明……也许，她自己并没有经历过什么，只是一种缓慢的幻觉低语在她耳边一再呼唤。当回声在某一刻突然消失的时候，她觉得在这整个时间里，应该做些别的事情，但她不知道是什么，永远也不会知道，永远也不能知道……”

她写了一首又一首的歌。歌声，对于三毛来说，仿佛一种岁月的叹息。有一些温柔，有一些伤心，又有一些暖暖的慰藉。像母亲的叮嘱，也像父亲的倾诉，还有一点像爱人的抚触。那些歌声，自她笔下而生，变成潮汐，在她心中跌宕回响。

她又是那么寂静，如晨曦，如黎明，如暗夜，如一朵悬崖边盛开的花，伶仃摇曳。回声不肯去，一如往事不愿走。来来回回，让她看清自己活过的这一生。这大概也是这张唱片取名“回声”的意味。回声，回声，声静而心动，声动而心清。光阴之美，因往事来回。

她的一生便是传奇。是几乎环游天地寰宇，是几乎尝尽世间苦乐，是攀登过最高处也踏入过最低谷。你的一生抵得过旁人的几辈子。如今，流年安然无恙，草木毫发无伤。而她，来人世逡巡一遭，捡拾破碎与支离，匆匆与人世告别。每一次选择，都是她的人生注脚。

比如，远离尘世喧嚣。

比如，安享欢喜寂静。

她的来与去，一如经久不灭的回声，在人世间荡开一层层涟漪。她走了，亲朋故旧们人人都想要为她说点什么、写点什么。然而，三毛给予的爱那么厚重，文字又那么单薄。她活得丰盛，也活得疲倦。三毛去后，旁人为她写的那些字句，是一种成全。心知，世间有过三毛，世间再无三毛。

最贴心的是，林青霞。

她们因《滚滚红尘》相识相知，哪怕隔世，亦为知音。凭借《滚滚红尘》，林青霞拿到了1990年第27届金马奖最佳女主角奖。这是她22年演艺生涯里唯一的金马奖。2008年，林青霞在自传性质的散文集《窗里窗外》中亲笔写道："没有三毛，我不会得到这座奖，是她成就了我。"

三毛去后，林青霞数次梦到三毛。

世人迷恋林青霞，而她心里始终住着一个三毛。林青霞说："她的声音像少女般稚嫩，听她讲话、听她的故事让我入迷，她是个多情而浪漫的女人，我完全被她的气韵所吸引住。"她们曾经说好，要一起旅行，一起流浪。事到如今，一切成空。趁此身未老，想做的事赶紧做。

有些事再不做，一辈子也不会做了。

怀念她的人好多。

诗人。
演员。
歌手。
小说家。
无名读者。

痖弦说："我永远珍惜我们共处的美好时光。你写给我的每一封信、赠给我的每一件小玩意，我都会细心珍藏。我们在副刊上合作的那些优美版面，以及那些五四以来从没有一个作家做得到的，数千人来听你的演讲会的热烈画面，将是我老年时回忆的食粮。”

眭澔平说：“轻轻结束了孤寂，连串着一生传奇。你就像蒲公英的哭泣。”刘墉说：“你是善于自我放逐的人，但是否这次放逐得远了些？抑或不落形迹，就更无挂碍了？”琼瑶说：“说是了解你的，了解有多深？说是你的知交，相知有多少？说你不快乐，到底快乐是什么？”

说到你，万言千语亦不够。

独，廖辉英这一句，最好。

她说：

你过一生，
抵得上别人的好几世。
生命的意义，
或许你的诠释比较美丽。

愿你来生，一切安好。是为纪念。

附录

三毛年表

1943 年 / 出生

祖籍浙江定海。3 月 26 日，出生于重庆。

取名“陈懋平”，排行老二。有一个姐姐、两个弟弟。

1946 年 / 3 岁

因觉“懋”字难写，自作主张便把它去掉，改名陈平。

1948 年 / 5 岁

随父母迁居台湾，入台北中正国民小学读书。

1954 年 / 11 岁

考入台北省立女子中学（北一女）学习。

1955 年 / 12 岁

初二，受墨汁涂面打击，开始逃学。

之后，休学在家，博览群书，从师学画。

1956 年 / 13 岁

短暂复学之后，正式退学。

开始练习写作、音乐、绘画，切腕自杀获救。

1962 年 / 19 岁

以“陈平”的名义在《现代文学》发表处女作《惑》。

1964 年 / 21 岁

得到张其昀的特许，成为哲学系旁听生，课业成绩优异。

同年，与梁光明相识，开始初恋。

1967 年 / 24 岁

初恋失败，三毛远赴西班牙马德里大学文哲学院留学。

圣诞初，结识西班牙少年荷西。

1968 年 / 25 岁

与荷西分别。漫游欧洲，去了法国、德国等地。

1971 年 /28 岁

返回台湾，任教于文化大学和政工干校。

1972 年 /29 岁

与一德国男子相恋。

结婚前夕，未婚夫心脏病突发猝死。

是年冬，再赴西班牙，重遇荷西。

1974 年 / 31 岁

与荷西相爱，一起迁居撒哈拉沙漠。

7 月，与荷西结婚。

10 月 6 日，以笔名“三毛”发表第一篇作品《中国饭店》。

1976 年 / 33 岁

三毛与荷西移居大加那利岛。

5 月，由皇冠出版社出版《撒哈拉的故事》。

1977 年 /34 岁

随荷西到丹娜丽芙岛（今特内里费岛）十字港生活。

1979 年 / 36 岁

9 月 30 日，荷西进行水下工作时意外丧生。

1980 年 / 37 岁

5 月，重返西班牙和加那利，开始孀居生活。

1981 年 / 38 岁

三毛回到台北定居。

11 月，开始中南美之行。

1982 年 / 39 岁

10 月，返回台湾任教。

首部游记《万水千山走遍》出版。

1984 年 / 41 岁

赴美度假治病。

1985 年 / 42 岁

三毛一度记忆紊乱，精神状态处于崩溃边缘。

1986 年 / 43 岁

10 月，三毛正式回到台北定居。

同年，三毛被媒体评为“最受读者喜爱的作家”。

1988 年 / 45 岁

6 月 12 日，给“三毛爸爸”张乐平写第一封信。

1989 年 / 46 岁

4 月，大陆旅行，曾回故乡定海探亲。

同年开始创作电影剧本《滚滚红尘》。

1990 年 / 47 岁

4 月，三毛参加台湾的一个旅行团，赴新疆旅行。

当到乌鲁木齐时，她离队找到王洛宾。

同年，《滚滚红尘》获金马奖八项大奖。

1991 年 / 48 岁

1 月 2 日，三毛因子宫内膜肥厚入院检查治疗。

次日，进行子宫手术，手术成功。

4 日凌晨，被发现在医院以肉色丝袜绕颈窒息致死。

终年，48 岁。

图书在版编目（CIP）数据

愿你遍历山河，觉得人间值得：三毛传 / 王臣著. —
北京：中国华侨出版社, 2021.1
ISBN 978-7-5113-8286-3

Ⅰ. ①愿… Ⅱ. ①王… Ⅲ. ①三毛（1943-1991）—
传记 Ⅳ. ①K825.6

中国版本图书馆CIP数据核字(2020)第133175号

愿你遍历山河，觉得人间值得：三毛传

著　　者：王　臣
责任编辑：江　冰
经　　销：新华书店
开　　本：880mm × 1230mm　1/32　印张：7　字数：127千字
印　　刷：河北鹏润印刷有限公司
版　　次：2021年1月第1版　2021年1月第1次印刷
书　　号：ISBN 978-7-5113-8286-3
定　　价：45.00元

中国华侨出版社　北京市朝阳区西坝河东里 77 号楼底商 5 号　邮编：100028
法律顾问：陈鹰律师事务所
发 行 部：（010）82068999　传　真：（010）82069000
网　　址：www.oveaschin.com
E-mail：oveaschin@sina.com